Beate Holm-Grünberg

In meinem Körper geht's mir gut!

Beate Holm-Grünberg

In meinem Körper geht's mir gut!

Das Gesundheits-Forscher-Buch für Kita und Grundschule

HERDER

FREIBURG · BASEL · WIEN

Umschlaggestaltung: SchwarzwaldMädel, Simonswald
Layout, Satz und Gestaltung: typopoint GbR, Ostfildern
Umschlagfoto: Hartger Holm-Grünberg
Fotos im Innenteil: S. 31 fotolia_©fotobauer_11; alle weiteren: Hartger Holm-Grünberg
Lektorat: Pia Haferkorn, Freiburg
Herstellung: Graspo, Zlín

Printed in the Czech Republic

ISBN 978-3-451-32644-8

Inhalt

Vorwort

Was heißt Gesundheit?

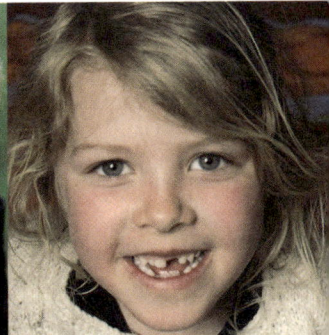

Gesundheit ist ein Begriff, der uns täglich begegnet: Wenn ein Kind nach einer Krankheit wieder in der Gruppe erscheint, die Kinder Arzt spielen, die Kollegin ausfällt, die Kinder von anderen Bezugspersonen abgeholt werden, weil die Eltern krank sind – oder einfach als Wunsch, nachdem jemand geniest hat. Gesundheit ist auch ein Zustand, den wir oft selbstverständlich als gegeben annehmen.

Trotz dieser Präsenz von »Gesundheit« in unserem Leben und obwohl wir in unserem Land sogar einen Gesundheits-Minister haben, verstehen nicht alle das Gleiche darunter. Für Kinder im Elementarbereich ist Gesundheit noch etwas Abstraktes. Für Erwachsene ist die Bedeutung und Definition von Gesundheit durch die Lebenserfahrung und Lebensumstände geprägt. Ich habe für Sie ein paar Personen gefragt, die alle Kindern im Elementarbereich verbunden sind – hier ihre Antworten:

»Gesundheit ist das höchste Gut des Menschen. Gesund sein bedeutet, Körper, Geist und Seele eines Menschen befinden sich im Gleichgewicht, er fühlt sich wohl.« Anja P. (Kinderärztin)

»Wenn ich im Einklang mit meiner Umgebung und mir selbst das tun kann, was ich tun will, ist das Gesundheit für mich.« Matthias P. (Vater eines Sohnes)

»Trotz laufender Nasen, Husten, Scharlach etc. – jeden Tag mit Freude und Elan die Einrichtung betreten und fröhlich, positiv, ›großen und kleinen Menschen‹ begegnen – das ist für mich Gesundheit.« Elke R. (Kita-Leiterin)

»Gesund ist, wenn ich nicht krank bin und mein Leben so gestalte, dass ich möglichst lange im Kreise der Menschen, die mir wichtig sind, lebe.« Henrik M. (Naturwissenschaftler)

»Gesund ist, wenn man sich selber nicht überfordert – und unterfordert.« Heidi L. (Großmutter)

Wie die wachsende Lebenserfahrung auf das Verständnis von Gesundheit abfärbt, spiegeln auch wunderbar die Definitionen von drei Kindern in unterschiedlichem Alter wieder:

»Gesundheit ist das Leben.« Lukas (5 Jahre)

»Gesund ist man, wenn man froh ist.« Sophie (7 Jahre)

»Gesund bin ich, wenn ich draußen mit meinen Freunden spielen kann, etwas zu Essen bekomme, ein Bett habe und meine Familie um mich habe.« Fynn (8 Jahre)

Gerne würde ich Ihnen eine allgemeingültige Definition von »Gesundheit« präsentieren, aber leider ist dies unmöglich. Auch die derzeitige Bundesregierung rückt »von der statischen Betrachtung« von Gesundheit ab und spricht eher von einem »Kontinuum« von Gesundheit bis Krankheit:

> *»Gesundheit ist damit kein eindeutig definierbares Konstrukt, sie muss mehrdimensional betrachtet werden.*
> *Neben körperlichem und psychischem Wohlbefinden gehören Leistungsfähigkeit, Selbstverwirklichung und Sinnfindung dazu, die sich in ihrer Bedeutung für die Gesundheit im Laufe des Lebens jedoch verändern können.«*
> (Quelle: Bundesministerium für Bildung und Forschung BMBF, Link siehe Anhang)

Im Grundgesetz ist das Recht auf körperliche Unversehrtheit bei Kindern festgeschrieben, was aber nicht unbedingt die geistige und seelische Gesundheit umfasst.

Mein Gesundheitsbegriff setzt bei den Kindern an. Bei ihnen bilden Körper, Seele und Geist noch eine Einheit, was mich immer wieder fasziniert und begeistert. Im Laufe der menschlichen Entwicklung ist eine Ausdifferenzierung dieser drei Bereiche notwendig. Im Idealfall wünsche ich mir wieder eine Einheit von Körper, Seele und Geist und fühle mich erst dann gesund, wenn diese Einheit gegeben ist. Eine Grundvoraussetzung von Gesundheit ist außerdem für mich, in meiner Eigen- und Einzigartigkeit geschätzt zu werden.

Allen Definitionen gemeinsam ist, dass Gesundheit etwas sehr Komplexes und Schönes ist, und oft mit »glücklich sein« verknüpft ist. Gesundheit beschreibt einen Zustand, in dem »es uns gut geht« – wie dies auch im Titel des Buches anklingt. Damit wir uns in unserem Körper wohlfühlen können, ist es wichtig, ihn – seine Fähigkeiten, Bedürfnisse und Grenzen – zu kennen. Deshalb ist auch in allen Bildungs- und Orientierungsplänen das Bildungsfeld »Körper« (oft auch in Verbindung mit »Bewegung« und »Gesundheit«) beschrieben. Selbstwahrnehmung, Körper- und Gesundheitsbewusstsein sind also zentrale Bildungsthemen Ihres täglichen pädagogischen Handelns.

Um das Thema zunächst für sich selbst oder auch im Team greifbarer zu machen, können Sie sich folgende Fragen stellen: Was bedeutet »Gesundheit« für Sie ganz persönlich? Welche Auswirkung hat dies auf Ihre Arbeit? Wie präsentiert sich Gesundheit um Sie herum? (Sicherlich gibt es in der Kita Mütter und Väter, die »für die Gesundheit arbeiten«, z. B. in der Apotheke, als Physiotherapeutinnen, Ärzte, Wissenschaftlerinnen oder auch im Sportverein.) Und wie können wir unsere Gesundheit überhaupt spüren? Wie sehr benötigen wir dazu unseren Körper?

Sicher ist, dass unser Körper uns vielfältige Möglichkeiten gibt, sowohl uns selbst und unsere eigenen Bedürfnisse, als auch die Welt um uns herum wahrzunehmen, und mit anderen in Kontakt zu treten. Auch die »großen Forscher« haben noch viele Fragen an das komplizierte System Mensch – trotzdem oder gerade deshalb macht es auch viel Freude, sich von der Neugier der »kleinen Forscherinnen und Forscher« anstecken zu lassen und gemeinsam mit ihnen herauszufinden, was Gesundheit für sie bedeutet – in der Hoffnung, dass möglichst viele von ihnen am Ende sagen können: In meinem Körper geht's mir gut!

Beate Holm-Grünberg

Zu diesem Buch

Auf den folgenden Seiten finden Sie Praxiseinheiten zum Thema Sinneswahrnehmung, Körperaufbau, Bewegung, Entspannung, Ernährung und Verdauung. Sie können die Einheiten zu diesen Themenkomplexen einzeln herausgreifen und direkt praktisch umsetzen. Sie können aber auch ein oder mehrere Kapitel oder das ganze Buch als Grundlage für die Projektarbeit zum Thema Gesundheit nutzen. Die vorgestellten Praxiseinheiten beginnen mit möglichen Einstiegssituationen und Einstiegsfragen. Zur altersgerechten Einordnung der Themen und Fragen dienen die zwei folgenden Icons:

 für Kinder von 3–4 Jahren

 für Kinder von 5–7 Jahren

Der Materialaufwand wurde bewusst gering gehalten, damit Sie auch spontan auftretende Einstiegssituationen nutzen können. Wenn Sie Lust haben, die Welt für eine Weile durch die »Gesundheits-Brille« zu betrachten, bin ich mir sicher, dass Ihnen im Alltag mit den Kindern zahlreiche solcher Situationen begegnen. Im Anschluss an alle Einheiten finden sie weiterführende Ideen und Aktionen.

Das letzte Kapitel richtet sich mit nützlichem Hintergrundwissen, u. A. zum Umgang mit ansteckenden Krankheiten, zum Thema Impfen und Allergien im Kita-Alltag, ganz an Sie als pädagogische Fachkräfte. Es kann helfen, sowohl Ihre eigenen Fragen, als auch die von Eltern und Kindern zu beantworten und öffnet den Blick für deren Bedürfnisse und Anliegen.

Eine Bemerkung zum Schluss: Vielleicht wird Ihnen anhand der Fragen auffallen, dass Naturwissenschaft und Philosophieren sich in diesem Buch hin und wieder die Hand geben. »Staunen ist Ursprung und Anfang aller Philosophie« behaupteten die philosophischen Väter des Abendlandes Platon und Aristoteles. Naturwissenschaften im Elementarbereich beginnen ebenfalls mit Staunen, kombiniert mit kindlicher Neugier. Aus ihnen entwickeln sich Fragen und die Freude an der Erweiterung des eigenen Wissens durch praktisches Tun.

Auf viele Fragen haben die Kinder eigene Antworten oder Ideen, wie man zu einer Antwort kommen könnte. Jedes Kind hat, seinem Alter entsprechend, ein klares Bild davon, was die Welt zusammenhält und wie sie funktioniert. Hören Sie den Kindern zu, und Sie machen »ganz nebenbei« alltagsintegrierte Sprachförderung im besten Sinne. Beim gemeinsamen »Forschen« werden außerdem feinmotorische, sozial-emotionale und kognitive Kompetenzen der Kinder gefördert.

Wie geht's?
Grundlagen für Gesundheitsforscher

Dieses Buch möchte in Ihnen die Begeisterung und das Staunen über die vielen kleinen, wunderbaren Alltäglichkeiten wecken. Oft erschließt sich ein neues, spannendes Themenfeld, wenn wir eine ganz gewöhnliche Handlung einmal genau betrachten, wie z. B. das Greifen von Gegenständen mit dem gegenübergestellten Daumen an unserer Hand. Entdecken Sie gemeinsam mit den Kindern die Freude über den ausgeklügelten Aufbau unseres Körpers und erforschen Sie das Zusammenwirken von Sinneswahrnehmung, Bewegung, Ernährung und sozialem Miteinander für unser Wohlbefinden.

Kinder bringen von Natur aus eine gute Beobachtungsgabe mit. Neben Neugier und der Fähigkeit Fragen zu stellen, ist dies ein gutes Handwerkszeug von großen und kleinen Forscherinnen und Forschern. Daher »dürfen« Sie auch Naturwissenschaften im Kindergarten und Elementarbereich betreiben – Sie dürfen sich selbst dabei nur nicht unter Druck setzen.

Ein Experiment muss nicht unbedingt klappen und ein großes »Aha« hervorbringen, denn Naturwissenschaft ist keine Zauberei! J. Pareigis sagt in ihrem Buch *Anleitung zum Forschersein*: »Naturwissenschaft wird mit dem Bleistift notiert, damit man radieren kann.« (Pareigis 2002) Vermeintliche »Fehler« sind also erwünscht und wichtig für den Forschungs- und Lernprozess.

Mit den Kindern ins Thema einsteigen

Im Alltag mit den Kindern finden sich zahlreiche Situationen, die sich für den Einstieg ins Thema Gesundheit eignen. Themenfelder, die sich besonders anbieten, sind Bedürfnisse, Wahrnehmung, Ernährung, Bewegung und Gefühle. Hier nur einige Beispiele:

- Zu viel Lärm im Stuhlkreis: Wie weit muss ich mich entfernen, bis es still ist?
- Ein glückliches/trauriges Kind: Sitzt gute Laune im Bauch?
- Ein hungriges, übermüdetes oder verletztes Kind: Gibt es auch Hunger nach einer »Kuscheleinheit«?
- Der Geburtstag eines Kindes: Wächst man am Geburtstag mehr als an einem normalen Tag?
- Die richtige Kleidung zum Wetter: Wo ist Kälte besonders schnell zu spüren?

Das Forschertagebuch

Kinder im Elementarbereich verfügen nicht nur über eine intensive Beobachtungsgabe, sondern entwickeln und verfeinern auch ihr logisches Denken und ihr Abstraktionsvermögen. Dies macht es sehr spannend, ihnen bei den Erklärungen zu einem Phänomen und den möglichen Untersuchungs- und Problemlösungswegen zuzuhören. Im Gegensatz zu uns Erwachsenen fällt es Kindern meist nicht schwer, ihr Erklärungsmuster zu revidieren (»zu radieren«) oder zu erneuern, weil eine neue Erkenntnis dazu kommt. Dabei sind Kinder aber in ihren Worten oft gar nicht so weit von unseren Erklärungsmustern entfernt.

Damit diese Erklärungen nicht verschwinden und die Kinder ihren eigenen Entdeckungen und Fragen noch einmal nachgehen können, ist es sehr empfehlenswert, dass jedes Kind ein Forschertagebuch (oder, wie die Stiftung »Haus der kleinen Forscher« zum Themenjahr Gesundheitsforschung vorgeschlagen hat, ein *»Das bin ich, das tut mir gut«-Tagebuch*) führt. In einem solchen Heft oder Buch können die Kinder ihre persönlichen Beobachtungen malen oder zeichnen und Sie können ggf. die Erklärungen dazu für sie aufschreiben.

Solche selbstgeführten Dokumentationen helfen den Kindern sehr beim »Lernen Lernen«. Schauen sich die Kinder ihr Buch nach 3 Monaten wieder an, lässt sich wunderbar der Wissenserwerb thematisieren. Der Mehraufwand ist nicht so groß, wie es am Anfang erscheinen mag und wird deutlich durch den pädagogischen »Mehrwert« ausgeglichen! Versuchen Sie bei den Eintragungen ins Forscherbuch nicht, die kindlichen Beobachtungen zu korrigieren oder zu kommentieren, sondern nutzen Sie auftretende Unstimmigkeiten für eine weiterführende Frage. So können die Kinder aktiv weiterlernen, denn sie haben die Chance, das Problem selbst zu erkennen und sich seiner anzunehmen.

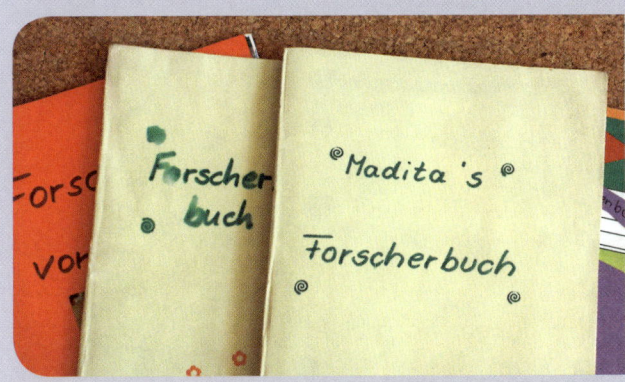
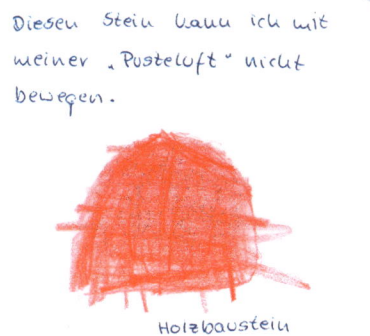

Diesen Stein kann ich mit meiner „Pusteluft" nicht bewegen.

Holzbaustein

Grundbedürfnisse von Kindern

Die US-amerikanischen Professoren Thomas Berry Brazelton und Stanley Greenspan haben vor 10 Jahren folgende Grundbedürfnisse (»irreducible needs«, also nicht ableitbare, unabdingbare Bedürfnisse) von Kindern herausgearbeitet:

- beständige liebevolle Beziehungen,
- Grenzen und Strukturen,
- stabile, unterstützende Gemeinschaften und kulturelle Kontinuität,
- körperliche Unversehrtheit und Sicherheit
- Erfahrungen, die auf individuelle Unterschiede zugeschnitten sind,
- entwicklungsgerechte Erfahrungen,
- globales Verantwortungsbewusstsein, das auch die Kinder in armen Ländern einbezieht.

(Brazelton/Greenspan 2002)

Das Erleben kultureller, gemeinschaftsspezifischer Rituale (z.B. Morgen- bzw. Stuhlkreis in einer Einrichtung) und ein geregelter Tagesablauf (Rhythmus und Struktur) sind also für die gesunde Entwicklung der Kinder von großer Bedeutung. Der Berufsverband der Kinder- und Jugendärzte e.V. betont außerdem, wie wichtig es ist, Kindern das Gefühl zu geben, dass sie geliebt werden.

Was ein Kind für seine gesunde Entwicklung braucht

Gesundheit hat für jeden Menschen – ob jung oder alt – eine individuelle Bedeutung. Unsere Handlungen folgen oft einem seelischen, körperlichen oder geistigen Bedürfnis. Können wir diese Handlungen ausführen und unser Bedürfnis befriedigen, geht es uns gut und wir erleben einen Zustand, den viele als »gesund« bezeichnen. Beim Zusammenleben von Menschen kann jedoch nicht jeder immer spontan seinen Bedürfnissen nachgehen.

Von Eltern oder anderen Bezugspersonen braucht ein Kind viel Zuwendung und Zärtlichkeit. Dazu gehört unbedingt auch, dass diese sich die Zeit nehmen, zuzuhören und sich mit dem Kind zu beschäftigen. Mit Beschäftigung ist aber nicht ein Überangebot an Freizeitaktivitäten (z. B. Englisch, Sport, Musik und Naturwissenschaften) gemeint. Dieses führt nämlich oft – ebenso wie früher und lang andauernder Medienkonsum – zu übermäßig vielen Sinneseindrücken, die Kinder nicht mehr filtern und verarbeiten können.

Ein komplett durchstrukturierter Tagesablauf, der keine Freiräume für individuelle Erfahrungen lässt, bewirkt auf Dauer unzufriedene und rebellische Kinder. Wie so oft, muss hier die goldene Mitte gefunden werden. Kinder müssen sich in einem klar abgesteckten Rahmen frei bewegen und handeln dürfen. Ein Lob sei dabei der Langeweile, denn es gibt für Kinder kaum einen kreativeren Moment. Lassen Sie diese bei den Kindern zu – oftmals entwickeln sich daraus die besten Ideen. Manchmal ist sie auch notwendig, um das eigene Bedürfnis nach Ruhe wahrnehmen zu können.

Zusätzlich zu den physiologischen Grundbedürfnissen eines jeden Menschen, haben Kinder noch viele weitere Bedürfnisse, die in ihrem Kita-Alltag ganz präsent sind. Der eigene Garderobenplatz und der tägliche Morgen- bzw. Stuhlkreis vermitteln z. B. Zugehörigkeit und Verlässlichkeit. Sicherlich fallen ihnen ganz viele Beispiele ein, wo im Kita-Alltag auf die Bedürfnisse der Kinder eingegangen wird.

Und was antworten die Kinder selbst auf die Frage, was sie zum »Gesundsein« brauchen? Kommen sie auf dieselben Ergebnisse wie Brazelton und Greenspan? Begeben Sie sich mit den Kindern auf die Suche nach Situationen im Alltag, in denen sie sich besonders wohlfühlen. Vielleicht helfen Ihnen folgende Fragen, solche Situationen und die entsprechenden Bedürfnisse im Alltag zu erkennen.

Forscherfragen

- Wie werden die Kinder gerne geweckt?
- Wie kommen sie am liebsten in den Kindergarten?
- Wer hat Geschwister? Was ist das Besondere an Geschwistern?
- Welche Menschen sind besonders wichtig, wenn es einem nicht so gut geht?
- Auf wen freuen die Kinder im Kindergarten/in der Grundschule?
- Was genießen die Kinder zu Hause und im Kindergarten besonders?
- In welcher Ecke des Kindergarten/Gruppenraumes spielen die Kinder besonders gerne?
- Was ist das Besondere am Morgenkreis?
- Was ist das Schöne am Toben im Freigelände?
- Was sind besonders wichtige Feste?

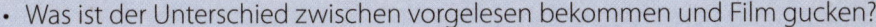

- Was ist der Unterschied zwischen vorgelesen bekommen und Film gucken?
- Was ist anders, wenn wir Dinge in einem Film anschauen im Vergleich zum eigenen Erleben?
- Welche Kinder dürfen in der Küche helfen und ein Obstmesser benutzen?
- Was ist das besondere an einem Brief? Wer hat schon mal einen bekommen?

Wenn es uns gut geht, befinden sich Körper und Seele »im Gleichgewicht«. Mit dem folgenden Reflexionsspiel können die Kinder mit Hilfe von Murmeln positive und negative Gefühle und Erfahrungen reflektieren und sichtbar machen. So wird die Vorstellung vom »seelischen Gleichgewicht« buchstäblich »greifbar«.

Reflexionsspiel

Murmelwaage

- **Material**

  eine Schüssel mit vielen Murmeln, eine Becherwaage (Balkenwaage)

- **Umsetzung**

  Die Kinder sitzen im Stuhlkreis, die Waage steht in der Mitte. Die Schüssel mit den Murmeln wird im Stuhlkreis herumgereicht. Jedes Kind darf eine Murmel nehmen und erzählen, wie es ihm geht. Es können auch besonders glückliche oder ärgerliche Situationen erzählt werden. Das Kind darf entscheiden, ob es seine Murmel in den Becher der Waage legen möchte, der mit + (positiv) gekennzeichnet ist, oder in den, der mit – (negativ) gekennzeichnet ist. Sie können die Waage sowohl für ihre Gruppe insgesamt, als auch für ein Kind individuell (positive und negative Erlebnisse über einen bestimmten Zeitraum, z. B. ein Tag, eine Woche) befüllen lassen.

Wohin neigt sich am Ende die Waage? Interessant ist es auch, die Waage über einen längeren Zeitraum zu befüllen.

- **Tipp**

  Eine einfache Waage lässt sich schnell aus einem Kleiderbügel und zwei gleich großen, sauberen Joghurtbechern, die jeweils mit Draht an einem Kleiderbügel-Ende befestigt sind, bauen. Achten Sie darauf, dass sich die Waagschalen ungefüllt auf einer Höhe befinden.

- **Weiterführende Idee**

  Verfassen Sie mit den Kindern einen besonderen Wunschzettel. Auf diesen dürfen nur Wünsche geschrieben oder gemalt werden, die sich *nicht* mit Geld kaufen lassen. Welche Wünsche fallen den Kindern ein?

Lesetipp: Gesundheit und emotionale Entwicklung

Für eine detaillierte Betrachtung der emotionalen Bedürfnisse und des Themas Gefühle sei das Buch von Simone Pfeffer: *Sozial-Emotionale Entwicklung fördern* empfohlen (siehe Literatur im Anhang). In den einzelnen Kapiteln dieses Buches gibt es zahlreiche Praxisbeispiele, die den jeweiligen emotionalen Aspekt alltagsnah aufgreifen und die Wahrnehmung der Kinder verdeutlichen. Das emotionale Erleben wirkt sich auf den gesamten Menschen aus – so lässt sich an der Körperhaltung oder an der Stimme oft erkennen, ob die betreffende Person traurig oder fröhlich ist. Diese Thematik greift das Buch z. B. im Kapitel über Sprache und Kommunikation auf und liefert dazu auch konkrete Anregungen für die pädagogische Praxis. Dass Gefühle Einfluss auf unsere Gesundheit haben, gilt als erwiesen, da glückliche und zufriedene Kinder deutlich weniger krank werden.

Den eigenen Körper annehmen und schätzen

Jeder Mensch ist einmalig – dennoch teilen wir mit den mehr als 7 Milliarden Menschen, die auf der Welt leben, über 95 % derselben genetischen Informationen. Deshalb haben wir viele Merkmale gemeinsam: Unser Körper ist nach dem gleichen Bauplan aufgebaut und wir können aufrecht gehen.

Alle Menschen haben Arme, Beine, Rumpf, Kopf, Augen, Ohren, Nase und Mund am gleichen Platz – und doch malen Kinder bis zu einem bestimmten Alter einen Menschen meist als sogenannten »Kopffüßler«. Sie stellen damit Merkmale heraus, die ihnen wichtig erscheinen: ihren Kopf – meist mit den Sinnesorganen Augen, Mund und Nase (manchmal auch schon Ohren) – aber der Bauch fehlt. An den Kopf schließen sich gleich die Beine an. Ist den Kindern der Bauch egal? Oder ist es vielleicht die natürliche Wertung, dass der aufrechte Gang etwas sehr Menschentypisches ist? Dass wir mit unserem Kopf und den dortigen Sinnesorganen viel von unserer Welt wahrnehmen?

Forscherfragen

- Woran erkennen sich die Kinder im Spiegel?
- Gib es in der Gruppe zwei Kinder, die gleich sind?
- Falls sich ein Kind findet, das bereit ist, sich genau anschauen zu lassen – wodurch unterscheidet sich das Kind von den anderen Kindern?

Kreativ gestalten

Mein Körper – das bin ich!

Am besten können Kinder ihre Körperausmaße durch ein Selbstbildnis in Original-Größe erfahren. Wenn Sie sich für ein Projekt zum Thema Gesundheit oder zum Thema »Ich bin ich« o. Ä. entscheiden, stellt so ein Selbstbildnis einen guten Einstieg dar, da Sie das Bild im Laufe eines Projektes immer wieder ergänzen und auch zu Dokumentationszwecken nutzen können. In den Kapiteln zur Wahrnehmung und zur Verdauung in diesem Buch finden Sie ebenfalls einige Anregungen dazu, wie sie das »Einstiegs-Körper-Bild« dort einsetzen können.

Noch ein Tipp: Bedenken Sie beim weiteren Erforschen und Entdecken, dass auch das Körperempfinden bei jedem Menschen, jedem Kind individuell geprägt ist – so individuell wie sicherlich jedes der »Körper-Bilder«.

- **Einstiegsfragen**
  - Wie groß muss ein Papier sein, damit ein Kind ganz darauf passt?
  - Wie lässt sich ein Kind gut darstellen?
- **Material**

  alte Tapetenrollen oder anderes großformatiges Papier, Buntstifte, Stoffreste, Kleber, Wollreste
- **Umsetzung**

  In Partnerarbeit zeichnen die Kinder ihre Körper-Umrisse auf Papier (jüngere Kinder erhalten ggf. Hilfestellung). Anschließend kann jedes Kind sein eigenes Körperbild füllen. Haben die Kinder Lieblingskleidung und können sie ihrem Bild diese »anziehen«? Wie umrahmen die Haare das Gesicht? Welche wichtigen Merkmale hat das Gesicht? Welchen Gesichtsausdruck soll das Abbild bekommen? Können die Kinder auf den Bildern erkennen, um wen es sich handelt?
- **Weitere Ideen zur Körpererfahrung**

  Die Kinder können ausprobieren, wie weit eine Tür offen stehen muss, damit sie gerade noch hindurch passen. Welcher Körperteil ist besonders entscheidend für unsere »Breite«?

Der Titel dieses Buches lautet: »*In meinem Körper geht's mir gut!*« – Sicherlich ist es für Menschen mit Behinderungen oder andauernden gesundheitlichen Einschränkungen nicht immer leicht, dieses Gefühl zu teilen. Menschen mit Behinderungen sind vor allem normale Mitglieder der Gesellschaft, die durch Barrieren oder fehlende Assistenz zu »Behinderten« gemacht werden. Behinderung ist in der Regel etwas Dauerhaftes, das nicht einfach weggeht, aber auch kein ständiges Leiden verursachen muss. Eine Voraussetzung, damit sich ein Mensch gesund fühlt ist, dass er sich in seinem Körper wohlfühlt. Der Körper ist unsere irdische Verankerung von Seele und Geist, diese haben also auch Einfluss auf unser Körpergefühl.

Ein wunderbares Beispiel für das Annehmen der eigenen Einzigartigkeit ist das Bilderbuch »*Gui Gui – das kleine Entodil*« des taiwanesischen Autors und Zeichners Chih-Yuan Chen. Es geht darin um ein Adoptivkind, das auf wunderbare Weise seinen eigenen Weg findet. Das Buch eignet sich sehr gut dazu, mit den Kindern Toleranz, Liebe und die Einzigartigkeit eines jeden Menschen zu thematisieren.

Bilderbuch

Gui Gui – das kleine Entodil

Eine »alleinerziehende« Entenmutter hat plötzlich ein Ei mehr im Nest und brütet dies (Krokodil-)Ei selbstverständlich mit aus. Ebenso selbstverständlich und mit viel Liebe erzieht sie ihr Findelkind zu einer guten Ente, auch wenn das Findelkind mit dem Namen »Gui-Gui« viel größer und stärker wird, als die anderen Küken. Die Mutter hat ein Kind »so lieb wie das andere«. Eines Tages tauchen drei garstige Krokodile auf, die Gui-Gui über das Wesen und Leben eines Krokodils aufklären und in einen Gewissenskonflikt stürzen, da »alle Krokodile sich gegenseitig helfen«. Die angeforderte Hilfe würde jedoch seine geliebte Entenfamilie in Gefahr bringen. Gui-Gui denkt nach und kommt zu dem Schluss: »Ich bin gar kein Krokodil, aber ich bin auch keine Ente. Ich bin ein Entodil«. Die Lage zwischen Krokodilen und Enten entwickelt sich schließlich zu einem spannenden Konflikt, doch zum Glück hat Gui-Gui eine Idee und am Ende wird aus ihm »ein richtig glückliches Entodil«.

Jianghong, Chen
Gui-Gui. Das kleine Entodil
Beltz & Gelberg 2010
ISBN: 978-3-407-76081-4

Die Geschichte von Gui-Gui

Die Erlebnisse des kleinen Entodils lassen sich wunderbar in ein Rollenspiel umsetzen. Wie stellen die Kinder es dar, wenn »Gui-Gui« überlegt, was er denn nun ist – ein Krokodil oder eine Ente? Wie stellen sie am Ende die Zufriedenheit der Hauptfigur dar? Hier einige Anregungen, wie wichtige Szenen umgesetzt werden können, aber sicherlich haben die Kinder auch sehr gute eigene Ideen.

- Die Mutter brütet: Kinder sitzen ganz ruhig und gemütlich zusammengekuschelt auf einer Decke.
- Die Erziehung zu einer guten Ente: Die Kinder watscheln »im Gänsemarsch« durch den Raum.
- Das Auftreten der garstigen Krokodile: Zähnefletschend mit bösem Gesichtsausdruck (keine Fratze) um Leckerbissen bitten. Über die Haut streicheln – dort sind keine Federn – ein Hin- und Herstreichen ist also möglich.
- Das Überlegen von Gui-Gui, was er nun ist und zu wem er gehört: Kopf in die Hand stützen, ruhig sitzen und anschließend einen stillen Freudentanz aufführen.

Erstellen Sie mit den Kindern ein Plakat, auf dem Sie die Bewegungen für die einzelnen Szenen notieren, die die Kinder vorschlagen. Stellen alle Kinder die Fürsorge der Mutter gleich dar? Was ist für einzelne Kinder besonders wichtig? Durch die szenische Darstellung der Geschichte können Kinder neue Möglichkeiten entdecken, Gefühle durch Sprache und Bewegung zum Ausdruck zu bringen.

Wunderwerk Mensch

Der Mensch ist extrem klug für seine Bedürfnisse konzipiert bzw. hat sich evolutionär dahin entwickelt. In dem Buch »Samstag im Paradies« (siehe Literaturliste im Anhang) wird die Erschaffung des Menschen und seines Körpers sehr schön dargestellt: Der Mensch hat Füße, damit er standhaft sei, zwei Augen, um die Schönheit des Paradieses zu sehen und ein großes Herz um die Schöpfung zu lieben.

Unser Aussehen hängt einerseits davon ab, wie wir uns ernähren, uns bewegen, wie viel wir schlafen oder wie viel wir der Sonne ausgesetzt sind. Andererseits hängt es von unseren Erbanlagen ab. Vererbt werden u. a. Augen- und Hautfarbe, Nasengröße und Ohrenform. Unser Körperbau hat sich ideal an unsere Bedürfnisse angepasst und es sind längst nicht alle – auch alltäglichen – Details geklärt. Beispielsweise ist es ungeklärt, wie wir uns in akustisch anspruchsvollen Situationen (Straßenlärm, Schulklasse, Disko) unterhalten können, warum wir auf bestimmte Stimmen anders reagieren und weshalb unser Haupthaar länger wächst, als die übrige Körperbehaarung. Viele Details, die wir kennen und die uns alltäglich erscheinen, z. B. dass wir »um die Ecke« hören können, lohnen eine genauere Betrachtung.

Forscher in Aktion

Wie lang ist meine Nase?

- **Einstiegssituationen**

  Kind trägt zu kurze Hosen; neue Kleidung; ein Kind merkt, dass es an etwas heranreicht, was z. B. vor den Sommerferien noch zu weit oben war (Regal, Wasserhahn, o. Ä.)

- **Material**

  Schnur, Scheren, Pappe, ein »Mobile-Zweig«, Maßbänder aus Papier (Baumarkt)

- **Umsetzung**

  Messen Sie mit den Kindern, wie lang ihre Nase, ihre Arme, ihre Finger oder andere Körperteile sind. Geben Sie den Kindern Schnur zur Hand, mit der sie messen können. Die Kinder können die Schnur abschneiden und vergleichen, ob z. B. das Arm-Schnurstück aller Kinder gleich lang ist. Wenn Sie an die Arm-Schnurstücke je eine Hand aus Pappe binden und diese an einem Zweig befestigen, ist ein »Hand-mobile« der Gruppe entstanden, an dem die unterschiedlichen Armlängen miteinander verglichen werden können.

  Um das Messen mit dem Zahlenstrahl zu üben, können Sie auch Maßbänder aus Papier (z. B. vom Baumarkt) nutzen und diese an der entsprechenden Stelle abschneiden. Lassen Sie die Kinder sich einmal der Körperlänge nach – »wie die Orgelpfeifen« – aufstellen.

- **Weiterführende Ideen**

  - Wie sieht die Reihe aus, wenn alle sitzen?
  - Können die Kinder so eine Reihe auch für die Armlängen machen?
  - Sind immer die Ältesten die Größten?
  - Sind Arme und Beine gleichlang?
  - Welche »Spannweite« hat ein Kind mit drei Jahren, welche ein Kind mit fünf?

Die Sinne
Immer auf Empfang?!

Unsere Sinne empfangen täglich unzählige Reize aus der Umwelt. Die kindliche Wahrnehmung ist damit oftmals überfordert, weil sie noch nicht über einen »Filter« verfügt, mit dem sie Reize ausblenden kann. Für Kinder ist es daher einerseits wichtig zu lernen, sich auf bestimmte Sinneswahrnehmungen zu konzentrieren und diese zu verfeinern. Andererseits ist aber auch die Erfahrung wichtig, dass die Sinne manchmal eine Pause brauchen, und dass eine intensive Wahrnehmung des eigenen Körpers und seiner direkten Umgebung oft erst dann möglich ist, wenn von außen keine »Reizflut« auf uns einwirkt.

Die Sinne dienen uns als »Vermittler« zwischen der Außenwelt und unserem Inneren. Wenn wir von ihnen sprechen, beziehen wir uns meist auf die »fünf klassischen Sinne« Riechen, Sehen, Hören, Schmecken und Fühlen. Das Fühlen (der Tastsinn) kann weiter unterteilt werden in die Wahrnehmung von Druck, Schmerz, Temperatur und »Berührtwerden«. Es gibt auch noch weitere Sinne, z. B. den Gleichgewichtssinn und die Tiefensensibilität (Körperempfindung).

In diesem Kapitel werden die 5 »klassischen Sinne« angesprochen. Untersuchen Sie mit den Kindern genau, wie viele Augen, Nasen, Münder und Ohren wir Menschen haben. Allein das Zählen von zwei Augen und Ohren, aber nur einer Nase und einem Mund ist wichtig, da die unterschiedliche Anzahl ganz entscheidend unsere Wahrnehmung prägt: Nur wenn Sinnesreize über zwei Sinnesorgan-Eingänge der selben Art kommen, ist eine räumliche Wahrnehmung möglich!

Der Mensch – ein »Augentier«

Mehr als die Hälfte (bis zu 80 %) unserer Sinneseindrücke nehmen wir über unsere Augen wahr. Betrachten wir uns zoologisch, so könnte man vom »Augentier« Mensch reden. Der Sehsinn ist das wichtigste Sinnessystem des Menschen und das am intensivsten erforschte. Man weiß, dass das Sehen bis zu einem Viertel des Gehirns beschäftigt. Die Leistungen des Sehsinnes bringen selbst Experten immer wieder zum Staunen.

So sehen wir die Welt

Mit unseren Augen erkennen wir Dinge, die so weit entfernt sind, wie die Sterne im Universum und so winzig und nah wie eine Ameise auf unserem Unterarm. Wir können mehrere Millionen Farbtöne unterscheiden und selbst die kleinste Lichteinheit genügt, um im Auge eine Reaktion auszulösen. Ein großes Wunder ist, wie unsere Augen und die anschließende Verarbeitung aus dem riesigen Strom von Informationen, ein stimmiges Abbild der Welt in unseren Köpfen erschafft – und dies permanent! Im Zusammenspiel mit anderen Teilen des Denkorgans werden die visuellen Sinnesempfindungen sortiert, gefiltert, bewertet und so geschickt mit Gedächtnisinhalten und Erfahrungen verknüpft, dass wir uns scheinbar mühelos in unserer komplexen Umgebung zurechtfinden.

Bei der Erkennung von Gesichtern sind wir besonders gut, aber auch sehr durch unser kulturelles Umfeld geprägt, was vielen Europäern die Unterscheidung von Menschen etwa aus dem asiatischen Raum erschwert. Unsere Augen sind vergleichbar mit einer Kamera, die Bilder aufnimmt und zum Gehirn weiterschickt, wo diese »gedruckt« werden. Das Zusammenspiel von Augen, Seh-Nervenbahnen und Großhirnrinde wird als »visuelles System« zusammengefasst. Auf welche Weise es dem Gehirn gelingt, den rein optischen Informationen einen Sinn zu geben, ist bis heute nicht vollständig erforscht.

Unsere Augen sind besonders empfindlich. Sie liegen zurückgesetzt im Kopf und werden von den Knochen geschützt. Die Augen haben »Scheibenwischer« – die Augenlieder, die unsere Augen sauber und feucht halten und sich bei Gefahr schließen, um die Augen zu schützen. Das Licht dringt durch eine kleine Öffnung, die Pupille, in unser Auge. Diese öffnet sich flexibel je nach Lichtintensität und wird von einigen Dichtern sogar als »Spiegel der Seele« bezeichnet.

Forscherfragen

- Was alles können unsere Augen?
- Wie oft am Tag brauchen wir sie?
- Können Augen auch sprechen?

- Warum möchten wir anderen beim Sprechen in die Augen sehen – oder auch nicht?
- Was ist beim Telefonieren anders als beim direkten Gespräch?
- Wie fühlt es sich an, mit jemandem am Bildschirm zu sprechen?

Forscher in Aktion

Können Piraten zielen, wenn sie eine Augenklappe tragen?

- **Einstiegssituationen**

  Wäsche aufhängen; eingießen in einen Becher; Kind mit medizinischen Pflaster auf einem Auge; Thema Piraten

- **Einstiegsfragen**
  - Können alle Kinder ihr Handtuch im Waschraum aufhängen oder ihre Zahnbürste in den Becher stellen?
  - Was müssen die Kinder dabei beachten – außer ihren eigenen Platz zu finden?
  - Können Kinder die gewählte Einstiegssituation genauso gut als »einäugiger Pirat« durchführen?
  - Ist den Kindern etwas aufgefallen? Waren sie vorsichtiger? Erinnert es die Kinder an etwas, das sie schon erlebt haben?

- **Material**

  Piratenklappe (aus der Apotheke – von Eltern mitbringen lassen) oder aus Pappe und Gummilitze selbst gebaut

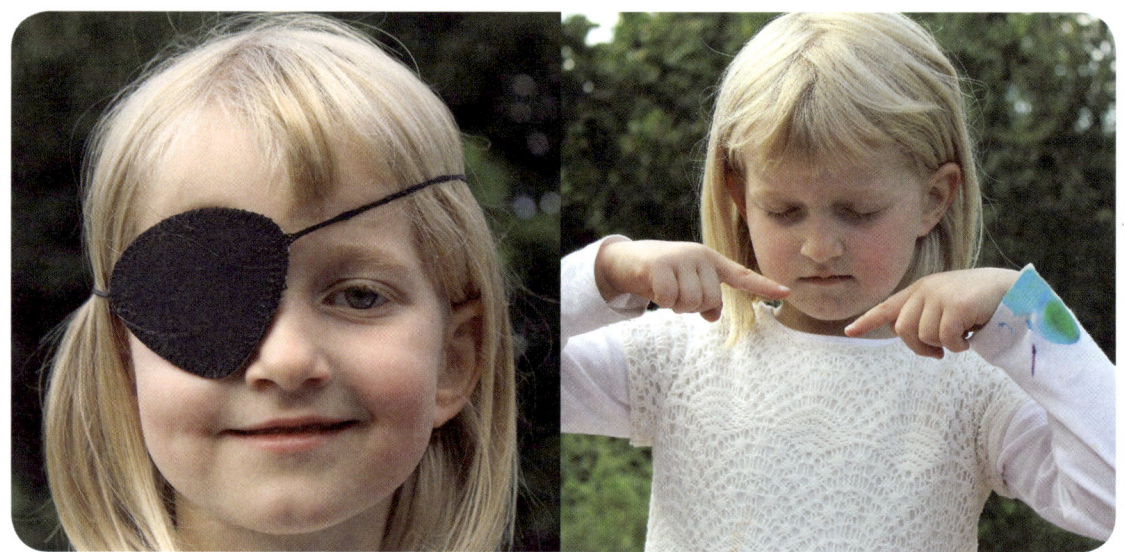

Umsetzung

Ein Auge wird mit einer Piratenklappe verdeckt – Erwachsene dürfen auch »zukneifen«. Nun werden die Arme auf Augenhöhe vor dem Körper angewinkelt. Die Spitzen der Zeigefinger zeigen zueinander, der Abstand zwischen ihnen sollte möglichst groß sein.

- Wer trifft beim Aufeinander-zu-Bewegen den anderen Zeigefinger?
- Wie viele Versuche brauchen die Kinder, bis die Finger genau aufeinander treffen?
- Gelingt es den Kindern besser, wenn sie mit dem linken oder dem rechten Auge gucken?
- Was passiert, wenn beide Augen geschlossen und was, wenn beide Augen offen sind?

Machen Sie eine Tabelle, in der die Ergebnisse mit Strichen eintragen werden können. Wenn die Kinder schon über die 1:1 Zuordnung verfügen, können sie dies gerne selber tun.

Weiterführende Ideen

- Die Kinder vergleichen, wie viele Versuche sie benötigt haben, um die Fingerkuppen zu treffen. Bei welcher Anordnung waren es die wenigsten Versuche? Haben die Kinder eine Idee, weshalb es mit zwei geöffneten Augen so viel besser geht? Welche Tätigkeiten, denken die Kinder, sind noch schwierig mit einem Auge aus zu führen? Probieren sie die vorgeschlagenen Tätigkeiten aus. Welche Erfahrungen haben die Kinder gemacht?

- Wie gut kann man »Ich sehe was, was Du nicht siehst« mit nur einem Auge spielen? Die Größe unseres Sichtfeldes lässt sich einfach erfahren, indem man die Arme vor sich ausstreckt und langsam nach hinten bewegt. Bis wohin können die Kinder ihre Arme bewegen und im Blick behalten, ohne den Kopf zu drehen? Wie ist dies mit nur einem Auge?

Forscher in Aktion

Der wackelnde Daumen

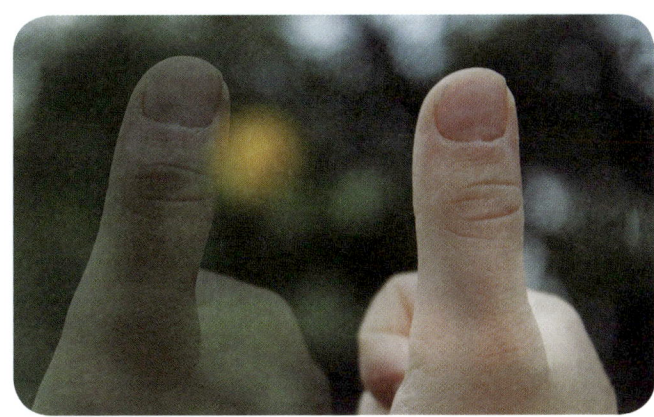

Weil das, was wir mit dem linken und dem rechten Auge sehen, nicht identisch ist, kann unser Gehirn aus der Unterschiedlichkeit der Bilder die Dreidimensionalität ableiten, sodass wir die Welt um uns herum plastisch sehen. Die Unterschiedlichkeit der beiden Augenbilder lässt sich mit dem »wackelnden« Daumen sehr leicht sichtbar machen.

- **Einstiegsfragen**
  - Wenn man einen Ball zuerst aus Knetmasse formt und dann malt – worin unterscheiden sich die beiden »Kunstwerke«?
  - Was unterscheidet einen Gegenstand von demselben gemalten Gegenstand?
  - Was verändern wir beim Malen?
- **Material**
  keines
- **Umsetzung**
  Die Kinder stellen sich gegenüber auf, so dass sich ihre ausgestreckten Arme in der Mitte berühren. Nun hält ein Kind den Daumen hoch und das gegenüberliegende hält sich mit den Händen abwechselnd ein Auge zu. Ist der Daumen immer an der gleichen Stelle?

Forscher in Aktion

Augen zu! – Wie erleben blinde Menschen ihren Alltag?

Viele Sehbehinderungen können über Hilfsmittel wie Brille und Kontaktlinsen hervorragend ausgeglichen werden. Es gibt jedoch Menschen, die auf andere Hilfsmittel angewiesen sind, weil ihr Sehsinn komplett ausgefallen ist.

- **Einstiegsfragen**
  - Welche Tätigkeiten fallen den Kindern ein, die ein Mensch mit schwerer Sehbehinderung nicht verrichten kann?
  - Wie orientieren sich Menschen mit Sehbehinderung?

- Ist den Kindern in einem Fahrstuhl oder auf einer Medikamentenschachtel die Brailleschrift aufgefallen?
- Haben die Kinder auf einem Bahnhof oder an einer Bushaltestelle die unterschiedliche Pflasterung bemerkt?

- **Material**

  keines

- **Umsetzung**

  Wer schafft es, mit geschlossenen Augen an einer Wand entlang zu gehen, ohne die Wand zu berühren? Wer traut sich, mit verbundenen Augen durch den Raum zu gehen? Für (jüngere) Kinder, die sich nicht gerne die Augen verbinden lassen, ist es eine gute Erfahrung, sich rückwärts durch den Raum zu bewegen.

  Es wird leichter, wenn wir uns von einem anderen Menschen führen lassen. Was nehmen die Kinder war, wenn sie mit geschlossenen Augen von einem anderen Kind geführt werden? Wird man sicherer an einer Hand, oder an den Schultern geführt?

  Menschen mit Sehbehinderung haben nicht immer jemanden dabei, der sie führt. Kennen die Kinder einen Blindenhund? Viele Menschen mit Sehbehinderung orientieren sich mit Hilfe des sogenannten Blindenstocks und können damit unterschiedliche Pflasterung wahrnehmen.

- **Weiterführende Ideen**

  - Eine spielerische Variante zur Orientierung mit Stock ist der Kochlöffel beim Topfschlagen. Wie orientieren sich die Kinder bei diesem Spiel im Raum? Wie lenken die »heiß« und »kalt« Rufe? Kann man auch mit den Ohren sehen? Unser Gehör ist den Augen sogar in einigen Dingen voraus, denn wer kann um die Ecke sehen? »Um-die-Ecke-hören« ist ganz leicht.
  - Fällt ein Sinn aus, so sind die anderen Sinne umso besser ausgebildet und übernehmen Aufgaben des fehlenden Sinns. Bei Menschen mit Sehbehinderung übernehmen die Ohren wichtige Aufgaben bei der räumlichen Wahrnehmung. Finden die Kinder weitere Beispiele, wo das »Fehlen« eines Sinnes mit Hilfe eines anderen ausgeglichen wird?

Ich höre was, was du nicht siehst

Auch wenn uns die meisten Signale über die Augen erreichen, können wir die nicht überall haben. Gerade pädagogische Fachkräfte und Eltern »sehen« meist gut mit den Ohren. In unserem Sprachgebrauch unterscheiden wir dabei Töne, Klang, Geräusch und Lärm. Einen Ton kann man meist nachsingen, ein Gemisch von Tönen ergibt einen Klang und dies wird oft mit Musik assoziiert. Geräusche müssen keine definierte Tonhöhe haben. Geräusche kann man nachmachen, aber nicht nachsingen. Lärm ist ein unerwünschtes Geräusch und oft mit großer Lautstärke verbunden.

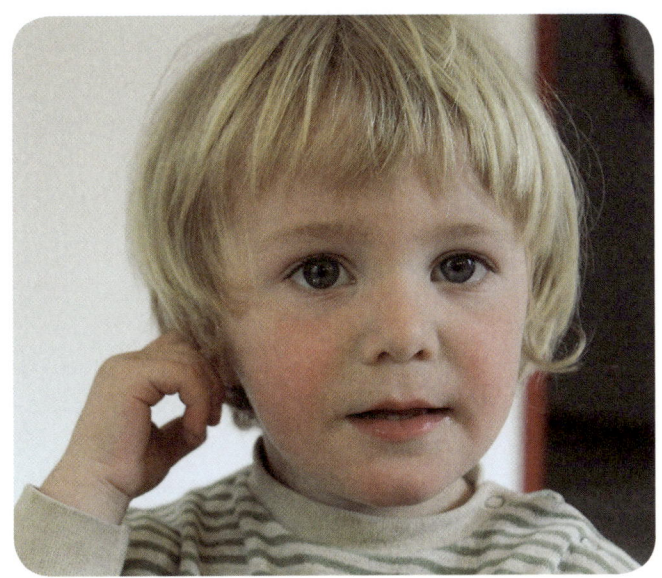

So hören wir die Welt

Mit unserem Gehör können wir den gesamten Raum um uns herum wahrnehmen. Die Ohren reagieren dabei auf Schallwellen, die von vorne, hinten, über und unter uns stammen können. Kinder haben ein sehr gutes Hörvermögen. Junge Ohren können Töne mit bis zu 20 000 Schwingungen pro Sekunde wahrnehmen, im Alter nimmt das Hörvermögen leider oft ab.

Unsere Ohrmuschel funktioniert wie ein Trichter, der die Geräusche aus der Umgebung ins Ohr hineinlenkt. Am Ende des Gehörgangs wird das Trommelfell angeregt und gibt die Schwingung an winzige Knochen im Mittelohr weiter: Hammer, Amboss und Steigbügel (kleinster Knochen des Menschen). Diese leiten die Schwingungen nochmals weiter ins Innenohr, an die Schnecke. Von dort leiten Nerven die Klangbotschaft weiter ans Gehirn. Die Schwingungen können z. B. über Luft und Wasser oder über den Untergrund übertragen werden. Der Hörsinn kann auch körperlich empfunden werden, wie beim Wahrnehmen eines Presslufthammers.

Der pulsierende Ton des Schnurrens einer Katze liegt in einem für den Menschen wohltuenden Frequenzbereich und kann sogar die Heilung verletzter Knochen unterstützen, dies bestätigen neueste Forschungen. Die Frequenzen des tierischen Brummtons übertragen sich auf die langen Röhrenknochen der Arme und Beine und verursachen Vibrationen. Wissenschaftler wollen nun ein Implantat entwickeln, das diese Frequenzen nachahmt und solche heilenden Schwingungen im Knochen erzeugt.

Forscher in Aktion

Können wir Töne spüren und sehen?

Die Kinder untersuchen unterschiedliche Materialien auf ihre Fähigkeit, Geräusche und Klänge weiterzuleiten.

- **Einstiegsfragen**
  - Haben die Kinder schon einmal Geräusche, Klänge oder Lärm gespürt oder gesehen?
  - Kann man unter Wasser hören?
- **Material**

  eine Stimmgabel, evtl. ein Gong und ein Luftballon, eine Gitarre, Gummibänder und Kartonstücke
- **Umsetzung**

  Gemeinsam geht die Gruppe zunächst der Frage nach, wie wir mit verschiedenen Körperteilen Töne spüren können: Kann unser Unterarmknochen den Ton einer Stimmgabel weiterleiten? (Siehe dazu auch Kapitel 3: »Was macht Knochen stabil?«) Nach diesem Versuch fällt es nicht schwer zu glauben, dass Musik bzw. bestimmte Töne und deren Schwingungen heilend wirken können. Summen Sie mit den Kindern – jeder seinen Lieblingston – und schließen Sie dabei sanft die Lippen. Wen kitzelt es? Wenn Sie einen Gong in ihrer Einrichtung haben, können die Kinder sich gegenseitig den angeschlagenen Gong vor den Bauch halten.

  Was passiert, wenn die Kinder eine angeschlagene Stimmgabel an die Wasseroberfläche in einer Schüssel halten? Können auch Sandkörner mit den Schwingungen der Stimmgabel zum Tanzen gebracht werden? Zum körperlichen Erleben von Tonschwingungen können die Kinder z.B. ausprobieren, was passiert, wenn man einen aufgeblasenen Luftballon vor den angeschlagenen Gong hält, oder wie sich eine klingende Gitarre auf dem Bauch anfühlt. Wie verändern sich die Gitarrensaiten, wenn man sie anschlägt?

  Die Kinder können auch ganz einfache »Saiteninstrumente« selbst basteln, indem sie ein Gummiband über einen Karton spannen. Was passiert mit dem Gummiband, wenn die Kinder es anzupfen? Können sie auch andere Bänder zum Schwingen bringen?

Geräusch- und Klang-Geschichte

Wie klingt mein Kindergartentag?

Beim Planen und Durchführen einer Geräusch- und Klang-Geschichte können viele unterschiedliche Aspekte aus dem Themenfeld »Hören« erfahren und untersucht werden. Generell gilt: Jede Hör-Übung ist auch ein hervorragendes Konzentrationstraining für Kinder. Bei einer Hörgeschichte wird die Handlung nur über Geräusche und Klänge »erzählt«. Es ist aber ebenso möglich, eine Bilder(buch)geschichte klanglich zu untermalen.

- **Einstiegsmöglichkeiten**

  Die Kinder erzählen von Filmen oder Hörspielen; ein kaputter CD-Spieler im Raum; ein besonderes Geräusch (Überschallflugzeug, Tierlaute); eine spannende Geschichte; das Lieblingsbilderbuch; trommelnder Regen auf der Fensterscheibe; Comics

- **Material**

  Entscheiden Sie zunächst, ob Sie mit den Kindern eine gegebene Geschichte oder Alltagssituation »verklanglichen« wollen und freie Materialwahl lassen, oder ob Sie ein festgelegtes Materialangebot vorgeben, und die zu erzählende bzw. »zu erhörende« Geschichte/Situation sich frei entwickeln darf. Zum Erzeugen von Geräuschen lassen sich fast alle Alltagsgegenstände nutzen.

- **Voraussetzungen**

  Geräuschgeschichten sind gut für die Gruppenarbeit mit 3–5 Kindern geeignet, es geht aber auch, dass sie in größeren Gruppen arbeiten und »Geräuschverantwortliche« bilden, die auf den Einsatz ihres (Lieblings)-Geräusches in der Geschichte warten.

- **Umsetzung anhand eines Szenenbeispiels**

  Überlegen Sie mit den Kindern: Welche Geräuschquellen gibt es in Ihrer Kita – außer den Kindern? Suchen Sie mit den Kindern eine Szene aus dem Kindergartenalltag, die Sie vertonen könnten. Welche Geräusche fallen den Kindern ein? (Sprechen mit verständlichen Wörtern und Singen sollten möglichst nicht in der Geschichte vorkommen, damit die Zuhörerinnen und Zuhörer durch den Inhalt der Wörter nicht abgelenkt sind.) Gut geeignet wäre z. B. folgende Szene: Die Kinder ziehen sich in der Garderobe fürs Freigelände, den Schulhof oder einen Ausflug auf den Spielplatz an. Klingt Anziehen im Sommer anders als im Winter?

Hier einige mögliche Klang-Elemente:
- Aufstehen – Stühle rücken,
- Kartons schließen (Gesellschaftsspiele wegräumen),
- Bauklötze klacken lassen (wegräumen),
- Rucksäcke oder Schulranzen öffnen oder verschließen,
- viele Schritte,
- Jackengeraschel – klingen Regenjacken anders als Baumwolljacken?
- Geräusch von einem Reißverschluss,
- Klettverschlüsse an Schuhen,
- Schuhe wegstellen und unter der Bank/ Garderobe hervorziehen,
- (Gummi-)Stiefel anziehen.
- Macht es Geräusche, eine Mütze aufzusetzen?

Wenn Kinder die Geräusche ausgewählt haben, müssen diese noch in eine Reihenfolge gebracht werden. Dies geht bei Gruppenarbeit am besten über Bilder oder Symbole. Die Kinder können sich mit den unterschiedlichen Geräuschen auch in eine Reihe stellen und müssen zuhören, wann ihr/e VorgängerIn fertig ist und sie mit ihrem Geräusch beginnen dürfen. Erklingen alle ausgesuchten Geräusche zusammen, entsteht eine Geräuschcollage. Können die anderen Kindergruppen oder Eltern erraten, um welche Tätigkeit/Szene es sich handelt?

Zu jeder Klang-Geschichte sollte auch Stille gehören. Können die Kinder Stille hören? Es gibt wenig Orte, die sich dazu eignen – meist hören wir ständig unterschiedlich laute und leise Geräusche.

Forscher in Aktion

Wird ein Geräusch leiser, wenn wir uns entfernen?

(Quelle: Stiftung Haus der kleinen Forscher)

- **Einstiegsfragen**
  - Kann ich hören, ob jemand auf mich zu oder von mir weg rennt?
  - Wie verändern sich Geräusche, wenn die Geräuschquelle (Vogel, Mensch, Auto) ihre Entfernung zu uns vergrößert?
  - Was passiert, wenn sich nicht die Geräuschquellen entfernen, sondern die Zuhörenden?
- **Material**
  Zeitungspapier, Blockflöte, Klebepunkte
- **Umsetzung**
  Unternehmen Sie »Geräusch-Exkursionen« mit den Kindern und sammeln Sie dabei Beispiele:
  - Wie hört sich ein Bagger auf einer Baustelle im Vergleich an, wenn wir gerade an ihr vorübergehen bzw. wenn wir ein Stück weitergelaufen sind?
  - Wie klingt die Musik eines Straßenmusikers, wenn wir uns direkt neben ihm bzw. weiter entfernt aufhalten?
  - Wie weit kann man sich entfernen, um ein Geräusch noch zu hören? Die gesammelten Erfahrungen können durch gezieltes Weiterforschen überprüft und konkretisiert werden:

Wie kann man herausfinden, ob sich die Lautstärke eines Geräuschs mit zunehmender Entfernung verändert?

Mit Geräuschen, die eine sehr regelmäßige Lautstärke erzeugen, z. B. raschelndes Papier oder Blockflötentöne, lässt sich die Lautstärke-Entfernungs-Frage besonders gut untersuchen:

In gleichbleibender Lautstärke wird eines der Geräusche von einem der Kinder erzeugt. Beginnen Sie am besten mit dem Papierrascheln (vielleicht muss die gleichbleibende Lautstärke in einer »Trockenübung« zunächst ausprobiert werden), während alle anderen sich stetig von der Schallquelle entfernen.

Lauschen Sie dem Papierrascheln gemeinsam aus verschiedenen Entfernungen, z. B. mit 5, 10, 20 oder mehr Schritten Abstand. Wie weit können sich die Kinder entfernen und das Geräusch immer noch gut wahrnehmen? Unterscheiden sich die Kinder in ihrer Wahrnehmung voneinander?

Falls Sie den Versuch draußen durchführen: Hat der Wind einen Einfluss darauf, wie gut das Rascheln bei großem Abstand zu hören ist? Was beobachten die Kinder?

Jedes Kind kann für sich dokumentieren, ab wann das Rascheln leiser wird, indem es Punkte auf den Boden klebt. Wie bei einer Ampel können die Kinder dafür drei Farben benutzen, z. B. Grün: »Das Geräusch ist gut zu hören«; Gelb: »Das Geräusch ist leiser geworden«; Rot: »Ich höre das Geräusch nicht mehr«. (Falls nötig, können Sie die Beobachtung auch auf die zwei Möglichkeiten begrenzen: »Ich höre noch etwas« versus »Ich höre nichts mehr«.)

Wiederholen Sie den Versuch mit den anderen Schallquellen, wie Händeklatschen oder Blockflötentöne. Gibt es Unterschiede?

- **Weiterführende Ideen**
  - Funktioniert der Versuch auch andersherum? Hört sich das Geräusch immer lauter an, je näher wir der Schallquelle kommen? Was meinen die Kinder?
  - Überlegen Sie mit den Kindern, ob die untersuchten Geräuschquellen alle gleich oder unterschiedlich laut waren
  - Welches der Geräusche konnte man auch noch aus großer Entfernung gut hören, welches war schon bei geringem Abstand nicht mehr wahrnehmbar? Konnten die Kinder alle Geräusche weniger gut hören, je mehr Schritte sie von der Schallquelle weggingen?

Wie und wie lange klingen verschiedene Dinge?

- **Material**

  ein Gong, eine Triangel, ein Glas und zu allen geeignete Schlägel, eine Stoppuhr, Steine, Wäsche-klammern, zerknülltes Papier, Murmeln und andere diverse (nicht zerbrechliche) Alltagsgegen-stände

- **Umsetzung**

  Schlagen Sie nacheinander Gong, Triangel und das Glas an. Wie lange können die Kinder den Ton jeweils hören? Stoppen Sie die Zeit. Können Kinder hohe oder tiefere Töne länger hören?

  Die Kinder dürfen sich aus den vorhandenen Gegenständen einen aussuchen. Eines nach dem anderen kann nun seinen Gegenstand fallen lassen. Wie hört sich ein Stein an, eine Wäscheklam-mer, ein zerknülltes Papier, eine Murmel?

- **Weiterführende Ideen**

  - Wie klingen Menschen? Alle Menschen haben ein besonderes Bedürfnis, sich mitzuteilen. Wir tun dies sehr viel über unsere Stimme. Wo entsteht in unserem Körper die Stimme?
  - Unsere Stimme »versteckt« sich auch im Mund bzw. Hals. Die Stimmbänder liegen hinten im Hals. Die Atemluft bringt sie zum Schwingen und der Klang unserer Stimme ist zu hören. Die Bänder funktionieren wie ein »kreischender« Luftballon, wenn man den »Hals« eines aufgebla-senen Ballons auseinanderzieht. Zum Glück schwingen unsere Stimmbänder in einer viel ange-nehmeren Frequenz als Luftballons!

Kann man Gefühle hören?

- **Einstiegsfragen**

  - Kann unsere Stimme unterschiedlich klingen?
  - Können wir aus dem Klang einer Stimme hören, was sie uns mitteilt?
  - In welcher Tonlage sprechen viele Eltern mit ihren Säuglingen?
  - Mit welcher Stimme erteilen Hundebesitzer ihre Befehle an die Hunde?

- **Material**

  keines

- **Umsetzung**

  Bitten Sie zwei Kinder, sich Rücken an Rücken zu stellen, so dass sich die Kinder nicht ansehen können. Dann soll ein Kind einen Satz sagen, zum Beispiel: »Heute gibt es Kartoffelbrei«. Der Spre-cher oder die Sprecherin soll dabei entweder ein trauriges, ein lächelndes oder ein erschrockenes Gesicht machen und sich diese Stimmung vorstellen. Kann das lauschende Kind erraten, welches Gefühl das andere Kind gerade dargestellt hat? Die Rollen können getauscht und verschiedene Gefühle können ausprobiert werden.

- **Variante**

  Zählen Sie mit den Kindern einmal traurig und einmal fröhlich von 1 bis 10.
  Kann man einen Unterschied hören?

Die Beschäftigung mit dem Klang der Stimme schult nicht nur das genaue Zuhören, sondern auch kommunikative und sozial-emotionale Kompetenzen der Kinder. Das folgende Gedicht von Irmela Brender bringt sehr schön die Bedeutung des »Zuhören-Könnens« für das soziale Miteinander zum Ausdruck:

Wir

Ich bin ich und du bist du.
Wenn ich rede, hörst du zu.
Wenn du sprichst, dann bin ich still,
weil ich dich verstehen will.

Wenn du fällst, helf' ich dir auf,
und du fängst mich, wenn ich lauf.
Wenn du kickst, steh ich im Tor,
pfeif ich Angriff, schießt du vor.

Spielst du pong, dann spiel ich ping,
und du trommelst, wenn ich sing.

Allein kann keiner diese Sachen,
zusammen können wir viel machen.
Ich mit dir und du mit mir –
das sind wir.

Irmela Brender

Der Gleichgewichtssinn

In unserem Ohr sitzt außer dem Gehör noch ein weiterer Sinn, den wir besonders dann brauchen, wenn wir uns bewegen: der Gleichgewichtssinn. Im Innenohr befinden sich Bogengänge, die mit einer Flüssigkeit gefüllt sind. Diese Flüssigkeit hilft uns, im Zusammenspiel mit speziellen Sinneszellen, das Gleichgewicht zu halten. Dabei wird die besondere Eigenschaft von Flüssigkeiten, ihre Oberfläche immer parallel zur Erdoberfläche zu halten, genutzt. Verändern wir unsere Lage im Raum, verändert sich auch der Oberflächenspiegel der Flüssigkeit, und darüber gibt der Gleichgewichtssinn eine Rückmeldung ans Gehirn.

Das Gehirn ist dann wie die Hand an einer Marionette, die befiehlt, welche ausgleichende Bewegung wir ausführen müssen, um das Gleichgewicht zu halten. Auch die Augen haben Einfluss auf den Gleichgewichtssinn, dies merkt man sehr deutlich beim Stehen auf einem Bein. So können die Kinder den Gleichgewichtssinn erforschen und verstehen, wie er funktioniert:

- mal mit offenen, mal mit geschlossenen Augen auf einem Bein stehen – wann fühlen sich die Kinder »wackeliger«?
- einen Becher halbvoll gießen und die Wasseroberfläche beobachten: Was passiert, wenn man den Becher schräg hält? Wird die Oberfläche auch »schräg«?

Immer der Nase nach

Der Geruchsinn (auch Olfaktorik genannt) ist der emotionalste, aber leider auch einer der am wenigsten erforschten Sinne des Menschen. Im Jahre 2004 erhielten zwei amerikanische Wissenschaftler (Richard Axel und Linda B. Buck) den Nobelpreis für Medizin, für die Erforschung der Riechrezeptoren und des olfaktorischen Systems.

So riechen wir die Welt

Gerüche sind die Mischung unsichtbarer Duftstoffe in der Luft, die beim Einatmen in unsere Nase gelangen. In der Riechschleimhaut der Nase befinden sich auf einer Fläche, die nicht viel größer als ein 2-Euro-Stück ist, rund drei Millionen Riechsinneszellen. Diese fangen mit kleinen Härchen (Zilien) die Duftstoffe ein.

Dockt ein Duftstoff am entsprechenden Sinneshaar der Riechzelle an, wird ein elektrischer Reiz ausgelöst, der in das sogenannte Riechhirn weitergeleitet wird. Dort werden die Impulse ausgewertet und in andere Hirnregionen weitergeschickt. Düfte und Gerüche können im Sitz der Emotionen, dem sogenannten Mandelkern des Gehirns, weiterverarbeitet werden. Dort erzeugen die Duftinformationen blitzschnell ein Gefühl – je nach Geruch also Freude, Angst, Ekel oder Wohlgefühl.

Sehr intensive Gerüche dringen auch in unser Bewusstsein vor. Geschieht dies, wird anhand eines Duftes ein Lebewesen oder Gegenstand erkannt und dieser Duft ihm zugeordnet. Dank des Geruchsinns können Neugeborene bereits am zweiten Lebenstag die Mutter durch die einmalige Zusammensetzung des körpereigenen Duftes »erriechen«. Gerüche können auch Informationsträger auf Distanz sein, so lässt sich zum Beispiel schon aus einiger Entfernung am säuerlichen Geruch der Milch feststellen, dass sie nicht mehr genießbar ist, obwohl sie optisch akzeptabel erscheinen mag.

Forscher in Aktion

Geruchsdetektive

- **Einstiegssituationen**

  Blumen; gut gewürztes Essen; Obst, frisch gefälltes Holz oder auch Geruchsbelästigung durch menschliche Abgase oder Abgase von Fahrzeugen

- **Einstiegsfragen**

  - Könnt ihr das Essen (die Blumen, die Creme, usw.) riechen?
  - Könnt ihr sie auch mit geschlossenen Augen riechen?
  - Könnt ihr den Geruch sehen?
  - Wie bewahren eure Eltern Gewürze auf?
  - Könnt ihr Düfte auch hinter euch riechen?
  - Können Menschen mit Schnupfen riechen?

- **Material**

  ein intensiver Duftstoff wie z. B. Pfefferminze oder ein anderes eindeutig duftendes Gewürz, Obst oder sonstiges geruchsintensives Material. Verwenden Sie einen den Kindern vertrauten Geruch oder geben Sie ihnen Zeit, sich mit dem Geruchsmaterial, das Sie ausgewählt haben, vertraut zu machen.

- **Umsetzung**

  Alle sitzen im Stuhlkreis und ein Kind darf auf Ansage das Geruchs-Material im Raum verstecken. Die anderen Kinder schließen währenddessen die Augen und zählen laut bis 20, damit sie nicht hören können, wohin sich das Kind bewegt. Sie können sich auch – zum Thema vielleicht noch passender – mit geschlossenen Augen durch eine schnelle Handbewegung frische Luft zuwedeln. Das ist motorisch kompliziert und lenkt die Aufmerksamkeit ab.

  Ist der Duftstoff erfolgreich versteckt, müssen die Kinder aus dem Kreis heraus versuchen zu »erschnüffeln«, in welcher Ecke des Raumes der Geruch versteckt ist. Lassen Sie die Kinder in die Richtung zeigen, in der sie das Geruchsmaterial vermuten. Nun schicken Sie einen Überprüfer in die Richtung, in die die meisten Kinder gezeigt haben. Haben sie den Geruch orten können? Haben die Kinder zur Entdeckung ihren Kopf drehen müssen? Wie weit entfernt konnte der Duftstoff erschnüffelt werden? Waren erkältete Kinder dabei – wie haben diese mitmachen können? Es kann gut sein, dass Sie den Raum nach 2–3 Versteckrunden lüften müssen.

Für die Wahrnehmung von Gerüchen und Düften ist es essentiell, dass diese durch die Luft in unsere Nase gelangen. Luft ist jedoch für die meisten Kinder »Nichts«, nicht greifbar und zu abstrakt. Eine Gewürznelke, ein Stück frisches Kiefernholz ist jedoch gar nicht abstrakt. Die Wirkung von Duftstoffen ist besonders faszinierend, weil sie uns eben ermöglicht, Dinge wahrzunehmen, auch wenn wir sie nicht sehen können und sie kein Geräusch von sich geben.

Kann man Gerüche einsperren?

- **Einstiegsfragen**
  - Wie kann man eine »Geruchs-Belästigung« oder einen Duftstoff »loswerden«?
  - Kann man Gerüche »einsperren«?

- **Material**

  Holzkiste, Glas, Watte, Alufolie, Papiertüte, Filter, Küchenhandtuch, verschiedene Geruchsmaterialien oder Duftstoffe

- **Umsetzung**

  Die Kinder versuchen, mit dem vorhandenen Material »Duftgefängnisse« zu bauen. Anschließend bringen sie ihren verpackten Duft »neutralen Personen«, die durch Riechen herausbekommen sollen, welcher Duftstoff sich in dem Gefängnis verbirgt.
  - Welche Materialen wählen die Kinder für ihr »Duft-Gefängnis«?
  - Mit welchem Material gelingt das »Einsperren« am besten?
  - Welche Eigenschaften hat dieses Material?
  - Haben die Kinder eine Idee, weshalb sich das Material so gut zur Duft-Abschottung eignet? Hat es einen Einfluss, wie gut das Material Luft oder Wasser durchlässt?

- **Mögliche Dokumentation**

  Die Kinder können eine Tabelle erstellen, auf der zu sehen ist, welches Verpackungsmaterial am wenigsten Geruch/Duft durchlässt – sie können dies auch mit Ampelfarben darstellen oder einem anderen (ihnen vertrauten) Bewertungssystem. Die unterschiedlich gebauten »Gefängnisse« können von den Kindern auch in eine wertende Reihenfolge gebracht werden, die sie Ihnen und evtl. auch weiterem interessierten Publikum anschließend erklären. Worauf haben die Kinder geachtet?

Wie kann man Düfte gut verbreiten?

- **Einstiegssituationen**

  Trocknende Wäsche; duftender Tee; eine Duftlampe; vielleicht benutzt das eine oder andere Kind Badezusätze?

- **Einstiegsfragen**
  - Was vermuten die Kinder, wie Düfte und Gerüche in unsere Nase gelangen?
  - Welche Aufgabe übernimmt die Luft?
  - Fällt den Kindern ein Beispiel ein, wo Luft etwas »transportiert?« (Wäsche trocknen, beschlagener Spiegel im Bad)

- **Material**

  Vanille-Tee in Beuteln, heißes Wasser aus einer Thermoskanne (nur zusammen mit Erwachsenen!), kaltes Wasser, 2 Becher, 2 Rollen Schnur

- **Umsetzung**

Dieses Experiment sollte wegen des heißen Wassers nur mit einer Kleingruppe durchgeführt werden.

Der Vanille-Tee wird je einmal mit kaltem Wasser und mit heißem Wasser zubereitet. Bitte dabei die Kinder unbedingt begleiten, es besteht Verbrennungsgefahr!

Die Teetassen werden anschließend in zwei entgegengesetzte Ecken des Raumes gestellt. Aus welcher Tasse verteilt sich der Duft schneller bzw. können die Kinder aus größerer Entfernung den Duft wahrnehmen?

Rollen Sie die Schnur nach einer Minute bis zu der Entfernung zum Becher ab, wo die Kinder den Vanille-Duft noch eindeutig riechen können. Dies sollte eine Gruppenentscheidung sein.

Wiederholen Sie das Experiment am nächsten Tag noch mal. Kommen Sie zu demselben Ergebnis?

- **Weiterführende Ideen**

- Den Geruchssinn kann man trainieren. Lassen Sie alle Kinder einen Apfel mitbringen und versuchen Sie gemeinsam, die unterschiedlichen Apfelsorten am Duft zu erkennen! Oder gehen Sie einmal »mit offener Nase« mit den Kindern über einen Markt oder in einen Supermarkt. Was kann man er-riechen?

- Suchen Sie mit den Kindern Geruchsbeispiele, die alle benennen können und die sich eindeutig unterscheiden lassen. Notieren Sie die Duftbeschreibungen aller Kinder, um sicher zu gehen, dass diese Düfte von allen unterschieden werden können (Sprachförderung!). Folgende geruchsintensive Stoffe haben sich bewährt:

Name	Erde	Nelken	Zimt	Kiefernholz	Orangen oder Zitronenschalen	Rosenblätter	Essig
Marie							
Karim							
Alena							

Riech-Memory

Mit ausgewählten Geruchsbeispielen lässt sich aus Filmdosen oder kleinen Plastikflaschen ein Riech-Memory erstellen.

- **Material**

  verschiedene Duftstoffe, Filmdosen oder kleine Plastikflaschen, Teefilter, Watte, Klebeband

- **Umsetzung**

  Jeweils zwei Filmdosen werden mit dem gleichen Duftstoff gefüllt. Als Deckel wird ein Stück Teefilter mit Klebeband befestigt oder das Döschen wird alternativ mit Watte abgedichtet (z. B. wenn der Duftträger flüssig ist). So kann der Geruch entweichen, aber nicht das Trägermaterial.

Eine besondere Bedeutung kommt unserem Geruchsinn bei der Nahrungsaufnahme zu. Fast jeder hat schon einmal erlebt, dass das Essen mit einer verschnupften Nase fade schmeckt. Es sind die Duftstoffe, die unser Essen besonders schmackhaft machen. Das Geheimnis guter Köche ist der gekonnte Einsatz von Gewürzen.

Geheimnisvolle Gewürze

Die geschmacksverbessernde Wirkung der Gewürze beruht auf leicht flüchtigen Verbindungen, den ätherischen Ölen. Diese geben der Speise neben einem angenehmen Geruch auch einen angenehmen Geschmack, da das Gesamtgeschmacksempfinden sich zum größten Teil in der Nase abspielt. Je nach Absicht kann man mit Gewürzen einer Speise ein komplett anderes Aroma geben oder den ureigenen Geschmack der Speisen hervorheben, ergänzen und verstärken. Viele Gewürzmischungen wecken bestimmte Erinnerungen oder Assoziationen, wie zum Beispiel das Lebkuchengewürz, das wir sofort mit Advent und Weihnachten verbinden.

Forscherfragen

- Welche Gerüche fallen den Kindern zu den Jahreszeiten ein?
- Kennen die Kinder einen Duft, der sie an eine bestimmte Person, einen Ort der ein Erlebnis erinnert?

Von Elmar, dem kunterbunten Elefanten, gibt es eine Geschichte, in der ein Elefantenkind seinen Teddy verloren hat (David McKee: *Elmar und der Teddybär*; siehe Literaturliste im Anhang). Ganz verständnisvoll helfen alle Tiere mit, den Teddy zu suchen. Die Teddys der anderen Tierkinder sind dabei optisch identisch und doch verstehen alle Tiere, dass das Tierkind nur mit seinem eigenen Teddy einschlafen kann.

Können Menschen einander am Geruch erkennen?

Der Geruch eines Menschen ist sehr individuell. Wenn zwei Kinder optisch identische T-Shirts einen Tag getragen haben, wird am Ende des Tages jeder von ihnen sofort am Geruch erkennen, welches ihm und welches dem anderen Kind gehört, denn unser Gehirn beurteilt, unterscheidet und merkt sich fast jeden Geruch.

Am Körpergeruch können wir auch erkennen, wie alt ein anderer Mensch ist. Ähnlich wie viele Tiere besitzt wohl auch der Mensch die Fähigkeit, chemische Signale des Alterns wahrzunehmen. Das belegt ein Experiment, in dem Probanden Geruchsproben der Altersgruppe von jungen, mittelalten oder älteren Spendern korrekt zuordnen konnten. Vor allem sei – nach Aussage der Wissenschaftler – der Schweißgeruch von alten Menschen dabei leicht zu unterscheiden gewesen.

(Quelle: Fachmagazin "PloS ONE", Mai 2012)

Geschmäcker sind verschieden!

Beim Mittagessen holt Anton (6 Jahre) ein Stück Kohlrabi aus dem Mund und ist erleichtert, dass es nicht der Wackelzahn ist. Darauf Anton: »Meine Zunge ist ein Vergrößerungsglas – nein, ein Vergrößerungsfühler!«

Geschmacks-Expertin mit vielen Talenten: Die Zunge

Die Zunge hat vielfältige Aufgaben. Sie hat Anteil am Kauen, Saugen und Schlucken und ist mit Sinnesorganen für das Tasten und das Schmecken ausgestattet. Zusätzlich erfüllt die Zunge eine wichtige Funktion bei der Sprachbildung.

Die Zunge hat kleine Erhöhungen, die man Geschmackspapillen nennt. Diese Papillen enthalten meist mehrere Geschmacksknospen. Eine Geschmacksknospe beherbergt wiederum mehr als 50 Sinneszellen. In einer Geschmacksknospe finden sich Rezeptoren für mehrere Geschmacksrichtungen (Geschmacksqualitäten). Bereits seit Anfang des 20. Jahrhunderts ist bekannt, dass die unterschiedlichen Geschmacksqualitäten von allen geschmacksempfindlichen Teilen der Zunge wahrgenommen werden. Die Unterschiede zwischen den Zungenbereichen bezüglich der Sensitivität für einzelne Qualitäten sind beim Menschen nur gering. Unser Geschmackssinn reagiert besonders sensibel auf Bitterstoffe, da diese oft giftig und eine Gefahr für uns sein können.

Der Mundspeichel hält unsere Mundhöhle feucht, was das Schlucken, Sprechen und Schmecken erst möglich macht und auch das Riechen beeinflusst. Erst wenn sich speichellösliche Substanzen der Nahrung auf der Zunge befinden, haben wir eine Geschmacksempfindung.

Es ist erstaunlich, aber der Geschmack unserer Nahrung setzt sich hauptsächlich aus fünf Grundgeschmacksrichtungen zusammen. Alle Speisen und Getränke überall auf der Welt weisen eine oder eine Kombination aus 2 oder mehreren dieser fünf Geschmacksrichtungen auf: »süß« (Zuckerwasser), »salzig« (Salzwasser), »sauer« (Essigwasser), »bitter« (Grapefruitsaft) und »umami« (Sojasoße). Umami bedarf einer besonderen Erklärung: Diese Geschmacksrichtung, die unsere Zunge schmecken kann, wurde erst in den 1960er Jahren von einem japanischen Wissenschaftler entdeckt, der diese natürlich mit einem Wort seiner Sprache benannt hat. »Umami« bedeutet so viel wie »gehaltvoll«, »wohlschmeckend«, aber auch »fleischig«.

Forscher in Aktion

Geschmackstest

- **Wichtig**

  Bitte klären Sie vorher unbedingt ab, ob eines der Kinder eine Unverträglichkeit gegen die im Test verwendeten Lebensmittel hat.

- **Einstiegssituationen**

  Ein klassisches »Das mag ich nicht!«; eine unbekannte Obstsorte; besonders süßer Kuchen; jede Essenssituation der Kinder

- **Einstiegsfragen**
  - Was unterscheidet Nahrungsmittel?
  - Gibt die Form eines Nahrungsmittels Auskunft über den Geschmack?
  - Gibt es Dinge, die unterschiedlich schmecken, aber gleich aussehen, oder umgekehrt?
- **Material**

  3 unterschiedlich farbige Eierbecher, gefüllt mit jeweils einem der folgenden Feststoffe in möglichst ähnlicher Körnung bzw. Pulverform: Zucker, Salz und Zitronensäure (gibt es für das Einmachen von Marmelade in jedem Supermarkt), Lupen, Wattestäbchen, Teelöffel, Becher und Leitungswasser, um den Mund zu neutralisieren

- **Umsetzung**

  Die Kinder dürfen die drei »Geschmackspulver« mit Augen, Nase und Händen untersuchen. Legen Sie vorher fest, wann die Stoffe probiert werden dürfen und ob die Stoffe nur in Speichel gelöst werden oder auch in Wasser. Wenn Sie die Stoffe auch in Wasser lösen lassen, benötigen Sie entsprechend mehr Becher.

  Bitte machen Sie von Anfang an klar, dass Lebensmittel wertvoll sind und die Kinder sparsam mit den Stoffen umgehen müssen. Da es sich bei allen drei Stoffen um sehr intensive Geschmacksträger handelt, benötigen die Kinder wirklich nur minimale Mengen.

  Notieren Sie die Beobachtungen und Erfahrungen der Kinder in einer Tabelle – diese kann entweder für die Gruppe oder von jedem Kind in seinem Forscherbuch ausgefüllt werden.

Eierbecherfarbe	👁	👃	✋	👄

Können die Kinder jedem Stoff eine eindeutige Geschmacksrichtung zuordnen?

- **Tipp**

  Führen Sie diesen Geschmackstest doch auch einmal mit Ihren Kolleginnen und Kollegen durch. Vielen Erwachsenen fällt es sehr schwer, einen Stoff zu untersuchen, ohne zu wissen, worum es sich handelt. Wie unterscheidet sich die Herangehensweise von Erwachsenen von der der Kinder?

- **Weiterführende Ideen**
  - Lassen sie die Kinder in den folgenden Tagen unterschiedliche Nahrungsmittel mitbringen und versuchen, diese den gefundenen Geschmacksrichtungen zuzuordnen. Nehmen Sie je eine

große Pappe in jeder Farbe des Eierbechers und schreiben oder malen Sie dort die Lebensmittel auf. Halten Sie eine Pappe bereit für Dinge, die sich nicht zuordnen lassen. Nehmen Sie sich dieses »Reste-Poster« mit in eine Gruppenarbeit und lassen Sie die Kinder überlegen, ob man anhand der abgebildeten Nahrungsmittel auf eine weitere Geschmacksrichtung kommen kann.

- Wenn Sie Werbekataloge von Supermärkten haben oder Eltern bitten, diese mitzubringen, können die Kinder auch versuchen, die Bilder der dort abgebildeten Nahrungsmittel den einzelnen Geschmacksrichtungen zuzuordnen.

- Unser Geschmackssinn ist empfindlich und die einzelnen Geschmacksknospen bzw. Geschmacksrichtungen können gelegentlich auch überlagert oder ausgeschaltet sein. Wie empfindlich die Geschmacksknospen sind, können Kinder jeden Morgen nach dem Frühstück spüren. Wie schmeckt Orangensaft? Süß! Aber wie schmeckt der Saft nach dem Zähneputzen? Lassen Sie die Kinder sorgfältig die Zähne putzen und geben Sie ihnen anschließend Orangensaft zu trinken. Wie schmeckt der Saft? Beim Zähneputzen werden die »süßen« Rezeptoren betäubt. Wenn man dann Orangensaft trinkt, erkennt die Zunge nur den bitteren Geschmack und nichts Süßes mehr. Wie verhält es sich mit anderen Saftsorten?

Forscher in Aktion

Nahrungsmittel und Farbe

- **Einstiegsfragen**
  - Können zwei rote Sachen unterschiedlich schmecken?
  - Zu welcher Farbe fallen den Kindern welche Lebensmittel ein?

- **Material**

  unterschiedliche Apfelsorten oder Paprikasorten, die sich in der Farbe unterscheiden

- **Umsetzung**

  Essen Sie mit den Kindern ganz bewusst rote, gelbe und grüne Paprika. Lassen sie sich den Geschmack beschreiben – unterscheidet er sich? Wie schmeckt die Paprika mit geschlossenen Augen? Können die Kinder mit geschlossenen Augen den Geschmack der unterschiedlichen Paprikasorten auseinanderhalten?

- **Weiterführende Ideen**

  Der Einfluss von Farbe auf unsere Geschmacksempfindung lässt sich ebenso untersuchen, indem sie mit Hilfe von Rote Beete Saft und Curcuma oder mit Lebensmittelfarben Wasser, Naturjoghurt oder Kartoffelbrei einfärben. Wie schmecken die unterschiedlichen Farben? Welche Geschmacksrichtung wird mit Gelb in Verbindung gebracht, welche mit Rot? Im Sommer können Sie unterschiedlich gefärbte Eiswürfel anbieten – das erfreut jedes Kinderherz!

Unsere Haut, das Multitalent

Die Haut ist unser größtes Sinnesorgan und eine »Alleskönnerin«. Sie beherbergt nicht nur den Tastsinn, sondern ist auch für die Wahrnehmung von Druck und Vibrationen, Feuchtigkeit, Trockenheit und Temperatur zuständig.

So spüren, fühlen und tasten wir

Unsere Haut besteht aus mehreren Schichten. Die unter der Oberhaut liegende Lederhaut wird aus vielen, gitterartig miteinander verwobenen, elastischen Fasern gebildet. In ihr befinden sich die Lamellenkörper, das sind die Sinneszellen, die auf Berührung und Temperatur reagieren. Am häufigsten sind diese Sinneszellen an den Fußsohlen, Handinnenflächen, und in der Bindehaut des Auges anzutreffen. Tasten können wir daher besonders gut mit unseren Fußsohlen und Handinnenflächen aber auch mit den Lippen. Der Tastsinn unserer Haut ist schon im Mutterleib entwickelt und selbst im Schlaf aktiv.

Ob Menschen mit gelber, brauner, schwarzer oder weißer Haut auf die Welt kommen, hängt von der Farbbeschaffenheit der Melanozyten (Schwarzfärberzellen) ab. Unter dem Einfluss von Sonnenlicht kann die Haut ihre Farbe sogar verändern. Wie braun ein Mensch wird, hängt von der Bildung des Hormons Melatonin in der Zirbeldrüse ab. Über die Aktivität dieser Drüse ist noch nicht so viel bekannt, sie wurde in alten Zeiten jedoch auch als »drittes Auge« bezeichnet, da sie wahrscheinlich auf kleinste Lichtpartikel reagieren kann.

Die Haut erneuert sich ständig und kann bis zu 2 m² groß werden, denn sie umschließt unseren gesamten Körper. Die Haut ist eine fantastische Hülle, die einerseits sehr elastisch (schwangerer Bauch), andererseits aber auch sehr fest (Hornhaut an den Füßen) sein kann.

Forscherfragen

- Was können wir alles mit der Haut wahrnehmen?
- Kennen die Kinder es, einen wohligen »Schauer« oder eine Gänsehaut zu bekommen?

- Reagiert die Haut auch auf andere Gefühle? (Aufregung, Scham)
- Ist unsere Haut überall am Körper gleich?
- Wie unterscheiden sich die Kopfhaut, die Haut am Bauch, an Fußsohlen und Handflächen, und die Haut an den Lippen?

Forscher in Aktion

Wie groß ist unsere Haut?

- **Material**

  einige Rollen Bindfaden, ein Maßband, die Körper-Umrissbilder der Kinder (siehe S. 17)

- **Umsetzung**

  Die Kinder legen Bindfaden einmal komplett um ihre Körper-Umrissbilder herum. Danach können sie messen, wie lange das verbrauchte Fadenstück ist. Überlegen Sie mit den Kindern, wie groß unsere Haut tatsächlich ist. Die abgemessene Länge entspricht ja nur einer fadendicken Teilfläche unserer Haut. Unsere gesamte »Hülle« abzudecken, würde sehr viel mehr Faden verbrauchen!

Forscher in Aktion

Kann man mit den Füßen Gegenstände ertasten?

- **Einstiegssituationen**

  Steinchen im Schuh; barfuß laufen; neue Schuhe oder unpassendes Schuhwerk

- **Einstiegsfrage**

  - Wer hatte schon mal einen Stein im Schuh?
  - Wie groß muss ein Steinchen sein, damit wir es im Schuh spüren?
  - Wie fühlt es sich an, über einen Waldboden, über Fliesen im Schwimmbad, auf Teppichfußboden, im Watt oder im Sand zu laufen?
  - Wer trägt zu Hause keine Hausschuhe?
  - Kann man mit den Füßen Gegenstände erfühlen oder ertasten?

- **Material**

  Decke oder großes Tuch, Ball, Bauklotz, Kissen, Stift, ein kleiner Legostein, Murmel, Tannenzapfen, Schuhkarton, (alternativ: jedes Kind sucht sich einen kleinen Gegenstand aus dem Gruppenraum/Kita-Alltag)

- **Umsetzung**

  Diese Übung ist für eine Kleingruppe mit bis zu 8 Kindern geeignet. Alle sitzen im Kreis, die Decke liegt in der Mitte. Die Materialien haben Sie im Karton mitgebracht oder die Kinder legen ihre Gegenstände in den noch leeren Karton. Eventuell geben Sie den Schuhkarton mit den Gegenständen noch einmal herum, damit die Kinder sehen, dass sie keine »böse« Überraschung erwartet.

Nun dürfen alle Kinder ihre Schuhe ausziehen, die Strümpfe sollten sie möglichst anbehalten. Das Kind, das beginnen möchte, schließt die Augen, während Sie einen Gegenstand unter die Decke legen. Anschließend darf es den versteckten Gegenstand mit den Füßen ertasten.

Ermutigen Sie das Kind, seine »Fühl- und Tasterlebnisse« zu beschreiben: Ist der Gegenstand klein oder groß? Eckig oder rund, rau oder glatt? Kann das Kind den Gegenstand benennen? Das Tasten und Raten sollte jeweils nicht länger als 1–2 Minuten dauern, damit die anderen Kinder nicht zu lange warten müssen, bis sie an der Reihe sind.

Nach Ablauf der Minute darf ein anderes Kind den Gegenstand herausholen – hat ihn das »fußtastende« Kind richtig erkannt? Reihum dürfen nun alle Kinder, die möchten, einmal einen Gegenstand mit den Füßen ertasten und anschließend beschreiben und raten.

Interessant ist es auch zu vergleichen, ob die Beschreibung des Gegenstandes sich durch Betasten mit den Händen bestätigen lässt. Können Hände und Füße gleich gut fühlen? Gibt es Dinge, die besonders gut mit den Händen und andere, die besonders gut mit den Füßen ertastet werden können?

- **Weiterführende Ideen**

  - Bitten Sie die Eltern, Reste von unterschiedlichem Fußbodenbelag (z. B. Teppich, Kork, Linoleum, PVC, Fliesen, Holz) mitzubringen – mit diesen Materialien können Sie einen Barfußpfad im Innenbereich der Kita anlegen.
  - »Fußkalt«: Unterschiedliche Fußbodenbeläge lösen durch ihre unterschiedliche Wärmeleitfähigkeit verschiedene Temperaturempfindungen aus. Wer kann dies besser unterscheiden, unsere Hände oder unsere Füße? Kommen alle zum selben Ergebnis?

Nicht nur unsere Hände und Füße haben Sinneszellen, die auf Berührung reagieren. Wir finden diese Sinneszellen in unterschiedlicher Dichte überall am Körper. Die Kinder können dies am Rücken mit einem alten Spiel ausprobieren:

Spiel

Tipp, tipp, tipp …

- **Material**

  keines

- **Ablauf**

  Bei diesem Spiel sitzen zwei Kinder hintereinander. Das hintere klopft mit allen 10 Fingern auf den Rücken des vorderen Kindes – als ob es die Tastatur eines Computers vor sich hätte. Dazu spricht es folgenden Text: »*Tipp, tipp, tipp auf Tastatur, abgewischt und Punkt!*«

  Bei »*abgewischt*« streicht das hintere Kind seinem Partner sanft über den Rücken. Bei »*Punkt!*« lässt es einen oder mehrere Finger stehen. (Für kleinere Kinder wird die Anzahl der Finger auf 3 begrenzt.) Das vordere Kind muss erraten, wie viele Finger auf seinem Rücken stehen geblieben sind.

  Es ist gar nicht so leicht, die Anzahl der Finger richtig zu erfühlen. Haben die Kinder eine Idee, wann sie die Anzahl der Finger leichter erspüren können (verschiedene Stellen am Rücken; Finger von beiden oder nur von einer Hand; unterschiedliche Abstände zwischen den Fingern)? Nach jeder Runde tauschen die Kinder die Rollen.

- **Variante**

  Die Kinder können sich auch gegenseitig mit dem Zeigefinger einfache Bilder auf den Rücken zeichnen, die es zu »erfühlen« gilt.

Positive Berührung

Es ist mittlerweile bekannt, dass frühgeborene Babys sich sehr viel gesünder entwickeln, wenn Sie viel Zeit auf dem Bauch ihrer Eltern verbringen. Beim sogenannten »Känguruhen« liegt das Frühgeborene auf dem Oberkörper (der Brust) von Mutter oder Vater. Berührung und Körperkontakt ist für die Entwicklung eines gesunden Körperschemas wichtig – besteht daran ein Mangel, fühlt sich der Mensch »nicht wohl in seiner Haut«.

Welche Berührungen empfinden die Kinder als angenehm? Um das herauszufinden, können sie zum Beispiel folgende Massage ausprobieren:

Massage

Pizza backen

- **Material**
  Gymnastikmatten oder andere bequeme Unterlagen
- **Umsetzung**
  Die Kinder tun sich zu zweit zusammen und einigen sich darauf, wer zuerst die Pizza bäckt und wer zuerst »gebacken« (massiert) wird. Das letztere legt sich in bequemer Bauchlage auf die Matte. Sie geben nun Schritt-für Schritt-Anweisungen, die von den

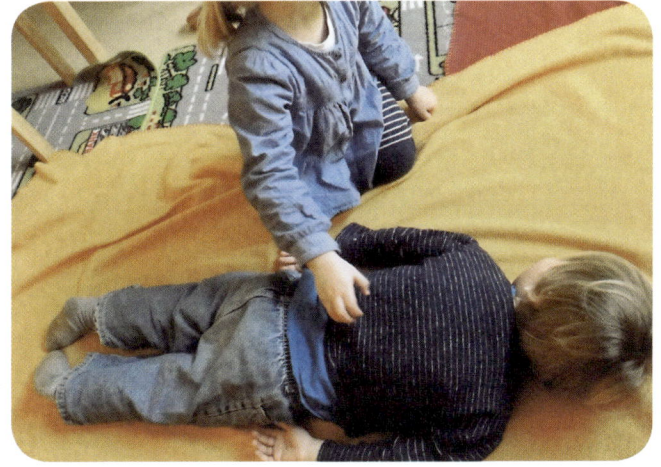

»Pizzabäckern« als Massage umgesetzt werden. Beim ersten Mal machen Sie am besten auch die entsprechenden Bewegungen vor:

- *Den Pizzateig kneten:* mit beiden Händen den Rücken vorsichtig durchkneten.
- *Das Blech einfetten:* mit den Fingerspitzen den ganzen Rücken »bestreichen«.
- *Den Teig verteilen:* mit den Händen von der Mitte her zu den Rändern des Rückens streichen.
- *Tomatensoße darüber geben:* mit den Händen kreisförmige Bewegungen machen.
- *Die Pizza belegen:* den Handballen auf den Rücken drücken und leicht drehen.
- *Mit extra viel Käse bestreuen:* mit allen Fingern auf den gesamten Rücken tippen.
- *Die Pizza ist fertig:* Kinder pusten über den Rücken, damit die Pizza abkühlt.

Anschließend werden die Rollen getauscht. Wenn alle einmal »Bäcker« und einmal »Pizza« waren, tauschen sich die Kinder über das Erlebte aus:

- Welchen Schritt der »Zubereitung« haben die Kinder angenehm empfunden?
- Was hat ihnen nicht gefallen?

Es bietet sich an, mit den Kindern hier auch zu thematisieren, wovon es abhängt, ob sie Berührungen angenehm oder unangenehm empfinden und dass sie selbstverständlich das Recht haben, sich zu wehren, wenn sie von einem Menschen nicht berührt werden möchten. Was finden die Kinder wichtig?

Kommentieren sie die Aussagen der Kinder nicht – und bitten sie auch die anderen Kinder dies nicht zu tun. Ihre Erfahrungen und Empfindungen bei der »Pizzamassage« können die Kinder auch auf einem Bild festhalten, z. B so:

Der Bewegungsapparat
Was mein Körper alles kann!

Kinder erfahren am besten, was ihr Körper alles kann, wenn sie sich frei und spielerisch, mit ausreichend Raum bewegen können. Ein anregungs- und abwechslungsreiches »Terrain« kommt ihrem natürlichen Bewegungsdrang entgegen und liefert ihnen die nötigen »Herausforderungen«, um ihre Fähigkeiten zu testen und zu erweitern.

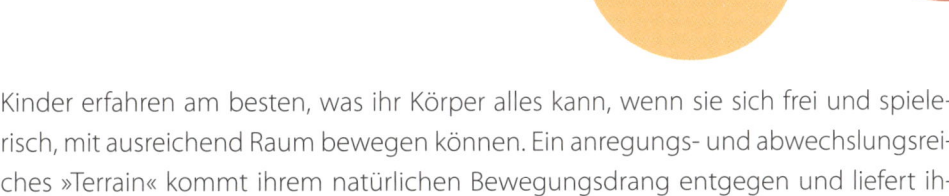

Die Beweglichkeit unseres Körpers nutzen Kinder ganz selbstverständlich. Sich dieses Selbstverständliche einmal bewusst genauer anzusehen, steigert meist die Wertschätzung des eigenen Körpers und die Freude an der Bewegung. Deshalb wird es in diesem Kapitel hauptsächlich darum gehen, wie Kinder den Bewegungsapparat ihres Körpers, die Funktion und das Zusammenspiel von Muskeln, Knochen, Bändern und Gelenken erforschend kennenlernen können.

Kinder haben von sich aus ein gesundes Bedürfnis nach Bewegung und diese ist auch von größter Bedeutung für ihre gesunde Entwicklung. Leider haben viele von ihnen heute einen Mangel an Bewegung – meistens weil die Beschäftigung mit digitalen Medien wie Fernseher und Computer einen zu großen Platz in ihrer Freizeitgestaltung einnimmt.

Die WHO empfiehlt für Kinder eine moderate körperliche Aktivität von mindestens einer Stunde am Tag. Dabei ist es gut, wenn diese nicht immer von Erwachsenen Schritt für Schritt begleitet wird. Denn Kinder müssen ihre Körpergrenzen erfahren – auch wenn es dabei zu blauen Flecken kommt.

Geschichte

Mutflecken

Die Sonne war gelb und der Himmel war blau und genauso war es mit Zackarina. Sie war auch gelb und blau, besonders an den Beinen. Ja, sie war auch ein bisschen grün und rot. Und ein bisschen lila.

»*Du Arme*«, *sagte Papa.* »*Wie viele blaue Flecken du hast!*«

Zackarina und Papa waren draußen im Garten und pflückten Brennnesseln, weil sie zum Abendessen Brennnesselsuppe und Pfannkuchen essen wollten. Aber jetzt saßen sie gerade unter dem Apfelbaum und ruhten sich eine Weile aus und Zackarina zählte ihre blauen Flecken.

»*… zehn, elf, zwölf*«, *sagte sie.* »*Und dreizehn, wenn man diesen winzig kleinen auch mitrechnet.*«

»*Die sind ja scheußlich*«, *sagte Papa.*

»*Nein, ich finde sie hübsch*«, *sagte Zackarina. Aber es ist komisch, dass man sie blaue Flecken nennt, dachte sie. Sie sollten doch eher Regenbogenflecken heißen. Oder Fahrradflecken, denn viele hatte sie vom Fahrradfahren bekommen.*

»*Ja, genau!*«, *sagte sie und sprang auf.*

»*Was denn?*«, *fragte Papa.*

»*Ich muss zum Strand*«, *sagte Zackarina.* »*Ich muss etwas herausfinden, etwas mit dem Fahrrad.*«

Sie setzte sich auf ihr Fahrrad und rollte davon. Zackarina konnte nicht so gut bremsen und Kurven fahren, aber einen Berg hinunterrollen – das konnte sie gut. Auf jeden Fall ging es sehr schnell.

Der Pfad zum Strand war ziemlich uneben. Baumwurzeln wuchsen kreuz und quer, und mitten auf dem Pfad lag ein großer Stein – und wums! Zackarina fuhr direkt auf den Stein, kam ins Schlingern und fiel um. Der Sturz war bis zum Haus hin zu hören.

»*Hast du dir wehgetan?*«, *rief Papa.*

»*Nein, ich glaube nicht!*« *rief Zackarina zurück, weil sie zum Nachfühlen keine Zeit hatte. Sie saß schon wieder auf dem Fahrrad und fünf Sekunden später war sie unten am Strand angekommen. Das Rad blieb im Sand stecken, und Zackarina fiel noch einmal um – in einen Sandhaufen.*

»*Ein Fahrrad? Soll das vielleicht ein Witz sein?*«, *fragte der Sandhaufen.* »*Ein Fahrrad mitten im Sommer?*« *Es war der Sandwolf. Er stand auf und schüttelte sich.*

»*Direkt auf den Schwanz*«, *sagte er und klang etwas ärgerlich.*

»*Oh, entschuldige*«, *sagte Zackarina.* »*Das war keine Absicht.*«

»Aha«, sagte der Sandwolf, »was war denn dann deine Absicht?«

»Ich will nur etwas herausfinden«, sagte Zackarina. »Etwas, das ich mich fragte.«

»Eine Frage?«, sagte der Sandwolf. »Wie schön. Erzähl!«

»Ja«, sagte Zackarina. »Glaubst du, man kann auf dem Fahrrad von dort nach dort rollen?« Sie zeigte mit dem Finger. Von dort – das war hoch oben eine glatte Klippe, die ziemlich steil abfiel. Und nach dort – das war unten das Meer.

»Stell dir das mal vor, wie toll! Einfach loszurollen und hinabzusausen, tschung!, die Klippe hinunter und direkt ins Wasser! Platsch!«

»Das klingt wirklich wunderbar«, sagte der Sandwolf.

»Ja, aber glaubst du, dass es geht?«, fragte Zackarina.

Der Sandwolf setzte sich und überlegte eine Weile.

»Nein, das glaube ich nicht«, sagte er. »Aber sicher weiß man es erst, wenn man es ausprobiert.«

»Dann mache ich es«, sagte Zackarina. »Ich probier's aus.«

Sie schleppte das Fahrrad hinauf auf die Klippe.

Das war eine ihrer besten Kletterstellen, aber sie war noch nie mit einem Fahrrad dort oben gewesen. Die Klippe wirkte höher als sonst und rutschiger.

Sie stieg aufs Fahrrad und packte den Lenker fest mit beiden Händen. Es kitzelte im Bauch.

Hinuntersausen, dachte sie, nur hinuntersausen und platsch!

Sie stieß sich ab und rollte los. Aber sie sauste nicht die Klippe hinunter. Doch ein bisschen vielleicht, am Anfang. Dann kam sie ins Schleudern und kippte um und stürzte, kullerte seitlich von der Klippe und landete unten im Sand.

»Das ging ja nicht besonders gut, was?« sagte der Sandwolf, als das Vorderrad aufgehört hatte, sich zu drehen, und das Geklapper verstummt war.

»Nein«, sagte Zackarina, »aber es war gut, dass ich es probiert habe, denn nun weiß ich sicher, dass es nicht geht.«

Sie massierte sich den Po. Die Klippe war ganz und gar nicht weich.

»Nun habe ich sicherlich noch einen blauen Flecken bekommen.«

»Was? Einen blauen Flecken?«, fragte der Sandwolf. »Was ist das?«

»So einer wie die hier«, sagte Zackarina.

Sie zeigte dem Sandwolf ihre bunten Beine und erzählte. Den größten hatte sie bekommen, als sie in *vollem Schwung von der Schaukel abgesprungen war, und den grünen, als sie mit der Katze des Nachbarn um die Wette geradelt war*

»Oder warte mal«, sagte Zackarina, »vielleicht war das, als ich auf das Dach vom Holzschuppen geklettert bin.«

»Und der kleine lilafarbene dort?«, fragte der Sandwolf.

»Den habe ich bekommen, als ich fliegende Hängematte geflogen bin«, sagte Zackarina.

Der Sandwolf nickte.

»Jetzt verstehe ich«, sagte er. »Blaue Flecken sind eine Art Medaillen, die man bekommt, wenn man gefährliche Sachen macht, oder?«

Medaillen? Zackarina streckte sich aus.

»Ja, genau«, sagte sie. »Eine Art Mutmedaillen.«

Oben vom Haus rief Papa, das Essen ist fertig. Zackarina spürte plötzlich, dass sie schrecklich hungrig war und müde auch. Schrecklich müde! Wie sollte sie das Fahrrad bis nach Hause schieben, den ganzen wurzeligen Pfad hinaus?

»Du kannst es doch hier lassen«, sagte der Sandwolf. »Ich kann darauf aufpassen und es reparieren, falls es ein bisschen kaputtgehen sollte oder so.«

Zackarina ließ das Fahrrad am Strand und schleppte sich heim, müde und hungrig. Aber als sie endlich in der Küche im Haus am Meer ankam, stolperte sie über die Türschwelle. Nicht heftig, nur ein bisschen. Sie fiel nicht hin, aber oh, wie sie schrie!

»Au! Au au au auaaaa!«, schrie sie. »Mein Zeh, ich hab mir meinen Zeh gebrochen!«

Papa kam schnell und untersuchte den Zeh. Der war doch hoffentlich nicht gebrochen? Nein, der sah ganz und gesund aus, aber Zackarina schrie trotzdem.

»Was ist denn mit dir los?«, fragte Papa. »Sonst weinst du doch nicht bei so einer Kleinigkeit. Du fällst doch sonst auch den ganzen Tag hin und sagst keinen Mucks!«

»Das ist etwas anderes«, schluchzte Zackarina.

»Beim Spielen tut es ja nicht weh, weil es lustig ist, wenn man hinfällt.«

Papa nahm seine arme, kleine, mutige Zackarina auf den Arm. Er blies auf den Zeh und tröstete sie. Das half – aber erst nach einem Pflaster, zwei Tellern Brennnesselsuppe und drei Pfannkuchen mit Himbeermarmelade.

Und unten am Strand, da flitzte der Sandwolf auf Zackarinas Fahrrad herum. Er wirbelte umher, rutschte, überschlug sich und fiel hin, weil er auch mutige blaue Flecken haben wollte. Aber die bekam er nicht, denn Sandwölfe tun sich nie weh. Die Armen!

Aus: Alles von Zackarina und dem Sandwolf von Åsa Lind, Verlag Beltz & Gelberg 2008.

Forscherfragen

- Haben die Kinder eine Idee, was genau blaue Flecken sind, und wie sie entstehen?
- Gibt es ein Kind in der Gruppe, das grade keinen blauen Fleck hat?
- Wissen die Kinder, welche Farbe Blut hat? Woher wissen sie das?
  (Halten die Kinder eine Taschenlampe in den Mund oder unter die Finger, so kann man erkennen, dass es rot durchscheint.)

Warum bekommen wir blaue Flecken?

Blaue Flecken kommen nicht daher, dass Kinder »blaues Blut« haben, sondern durch verletzte Blutgefäße und einer Einblutung ins Gewebe, die durch die Haut bläulich schimmert. Das verletzte Blutgefäß wird repariert. Das Blut, was seine Gefäße verlassen hat, hat für den Körper keinen Nutzen mehr und muss abgebaut werden. Dieser Abbauprozess braucht Zeit und bei diesem Vorgang verändert das »alte Blut«, durch einen festgelegten Abbau der unterschiedlichen Bestandteile seine Farbe. Aus diesem Grunde verfärben sich die »blauen« Flecken.

Kinder haben eine gute Selbsteinschätzung, die zwar durch Gruppendynamik ausgehebelt werden kann – aber nicht muss! Die motorische Geschicklichkeit der Kinder wird durch das Klettern auf Bäume oder Klettergerüste, beim Rennen, Verstecken oder Ballspielen in vielen Einrichtungen automatisch gefördert bzw. erhalten. Ein exklusiv ausgestatteter Turnraum ist schön, aber die Natur bietet sicherlich genauso viele Erprobungsmöglichkeiten und weckt bei den meistern Kindern große Bewegungsfreude.

Dass sich durch »Leibesübung« neben der Geschicklichkeit auch Selbstvertrauen und Persönlichkeit entwickeln, hat die Psychomotorik erwiesen. Nicht zuletzt wird mit jeder Bewegung die Körperwahrnehmung (Tiefenwahrnehmung) trainiert, denn egal, ob der Mensch nur mit dem großen Zeh wackelt oder mit ganzem Körpereinsatz eine Schaukel in Schwung bringt – die Augen und Ohren als Sinnesorgane, die Rezeptoren an Gelenken und Muskeln kommunizieren unablässig mit dem Gehirn und melden Aktivitäts- und Positionsveränderungen.

Die Vielfalt unserer Bewegungsmöglichkeiten wird oft erst dann bewusst wahrgenommen und geschätzt, wenn sie z. B. durch eine Verletzung eingeschränkt oder sogar zeitweilig ganz verloren ist. Dabei lohnt es sich, auch im »Normalzustand« einen genauen Blick auf das ausgeklügelte Bewegungs-System unseres Körpers zu werfen. Das Wissen um die Komplexität von Bewegungsabläufen, kann Kinder motivieren, diese bewusst zu trainieren.

Auf die Plätze, fertig, los!

Unser Laufen, der aufrechte Gang, ist einmalig und jeder kennt den Stolz in den Augen eines Kindes, wenn es seinen ersten freien Schritt macht. Zum Entstehen des aufrechten Gangs gibt es mehrere Hypothesen. Es ist zum Beispiel bis heute noch nicht geklärt, warum es sich so entwickelt hat, dass wir Menschen so ausdauernd laufen können.

»Schritte« kommen in vielen Sprichwörtern vor oder werden auch bildhaft verwendet, um die besondere Bedeutung von Vorgängen hervorzuheben, z. B. sagte Neill Armstrong, als er bei der Mondlandung aus der Raumkapsel stieg: »Dies ist ein kleiner Schritt für einen Menschen, aber ein großer Schritt für die Menschheit«. Der Gang eines Menschen verändert sich im Laufe seines Lebens und sagt auch etwas über seinen Gemütszustand aus.

Bewegungsspiel

Schritt-Parade

- **Material**
  keines
- **Spielverlauf**
  Die Kinder versuchen, möglichst viele unterschiedliche Gangarten, die sie schon einmal gesehen haben, nachzuahmen. Wie läuft ein 1-jähriges Kind, wie eine 99-jährige Oma – wie läuft der große Cousin, wie die große Cousine? Lässt sich auch ein trauriger Gang, ein lustiger Gang darstellen? Wer kann rückwärts gehen? Wer kann mit zwei Beinen hüpfen, wer mit einem? Vielen Kindern fällt es leichter, Gefühle auszudrücken, wenn sie dabei in andere Rollen schlüpfen können, bzw. sich in Tiere verwandeln. Was unterscheidet denn unseren Gang, von dem einer Katze? Wie drückt die Körperhaltung der Katze Gefühle aus – gibt es Parallelen zum Menschen? Die Kinder können auch versuchen, ganz neue Gangarten zu erfinden.

Unsere Füße

Ein Fuß besteht aus den Zehen, dem Mittelfuß und der Fußwurzel. Am Mittelfuß unterscheiden wir Ballen, Sohle, Ferse, Fußrücken und Außenkante. In den Füßen befinden sich über 30 Knochen. Fußsohle und Zehen sind sehr empfindlich, da der Tastsinn dort besonders gut ausgeprägt ist (siehe S. 43 ff.). Die Fußmuskulatur hat die Aufgabe, die Bewegungen des Fußes auszuführen. Darüber hinaus spannt sie das innere Fußgewölbe.

Kinderfüße verändern sich bis zur Einschulung noch sehr stark. In der Kindergartenzeit sollte sich das Fußgewölbe ausbilden – es dient der Unterstützung des dauerhaften Stehens und Gehens. Sind die Füße krank oder in ihrer Beweglichkeit eingeschränkt, kann sich dies auf den gesamten Körper auswirken.

Unsere Füße tragen uns im Laufe unseres Lebens mehr als einmal um die Erde – es lohnt sich also, dass wir sie uns einmal genauer anschauen.

Forscher in Aktion

Fußabdrücke (Podogramme)

- **Einstiegssituationen**

  falsch herum getragene Schuhe; drückende oder neue Schuhe; barfuß laufen

- **Einstiegsfragen**
  - Sind unsere Füße an der Innen- und Außenseite gleich lang?
  - Sind unsere Füße flach oder gewölbt?

- **Material**

  ein feuchter Schwamm, eine kleine Schüssel mit Wasser, ein Handtuch, mindestens ein DIN A4-Papier pro Kind, Buntstifte

- **Umsetzung**

  Der Schwamm sollte nur so feucht sein, dass beim Drücken kein Wasser mehr freigegeben wird. Die Kinder stellen einen nackten Fuß zuerst auf den Schwamm und dann auf ein Papier. Lassen Sie nun die Kinder ihren feuchten Fußabdruck mit einem Buntstift umranden. Falls die Füße nicht schnell genug trocknen, oder die Räumlichkeiten sehr kühl sind, legen Sie ein Handtuch bereit, damit die Kinder sich abtrocknen können.

- **Weiterführende Ideen**
  - Können die Kinder Unterschiede zwischen ihren Fußabdrücken erkennen?
  - Haben alle 5 Zehen? Ist bei allen die Form gleich?
  - Gibt es in altersgemischten Gruppen auch andere Unterschiede zwischen den Füßen, als nur deren Größe?

Wie bewegen wir uns?

Um gehen, laufen oder hüpfen zu können, muss unser Gehirn, die Schaltzentrale unseres Körpers, komplexe Befehle aussenden. Es ist erstaunlich, wie schnell diese durch den Körper reisen, denn Kopf und Füße sind sehr weit voneinander entfernt. Die Nerven leiten wie Telefonleitungen die Befehle ganz schnell vom Kopf bis zum Ort des Geschehens. Es gibt eine Muskelbefehlszentrale in der Großhirnrinde, die bestimmt, wie und wann und auch wie lange der Muskelmotor zu laufen hat.

Bewegliches Knochengerüst: Unser Skelett

Bei der Geburt besteht unser Körper aus mehr als 300 Knochen. Im Laufe der Zeit wachsen einige Knochen noch zusammen (z. B. schließt sich die Fontanelle im Schädel bei Neugeborenen). Ein Erwachsener verfügt im Durchschnitt über 206 Knochen. Knochen sind das Gerüst unseres Körpers – das Skelett, aber erst im Zusammenspiel mit über 600 Muskeln, Sehnen und Bändern geben sie uns die Möglichkeit, uns vielfältig zu bewegen.

Die Knochen- und Knorpelgewebe unseres Skeletts stellen das stabile innere Gerüst dar. Angefeuert durch Nervensignale bewegen die Muskeln diese einzelnen Stütz-Elemente. Knochen umschließen schützend das Gehirn, das Rückenmark und zahlreiche Sinnesorgane. Außerdem schützt das Knochengerüst die inneren Organe vor Verletzungen, dient als Mineralstoffspeicher und ist ein Ort der Blutbildung. Das Zusammenspiel von Muskeln, Skelett, Organen, Nervensystem und Blutkreislauf beschäftigt nach wie vor auch viele »große« Forscherinnen und Forscher aus den unterschiedlichsten Gebieten.

Es ist uns nicht möglich, die Befehle bzw. Bewegungsanweisungen, die das Gehirn aussendet, direkt sichtbar zu machen, aber wir können die Bewegungen unserer Muskeln, Gelenke und Glieder als Antwort auf die Befehle unseres Gehirns beobachten. Und wir können messen, wie lange der Körper braucht, um auf diese Befehle zu reagieren.

Forscher in Aktion

Reaktionszeit messen

- **Einstiegssituationen**

  ein gefangener oder nicht gefangener Ball; schnelle Reaktionen

- **Einstiegsfragen:**

  - Wie kommt es, dass die Hände zum richtigen Zeitpunkt dort sind, wo der Ball zu fangen ist?
  - Wie schnell kommt der Befehl vom Auge zum Arm, sodass wir den Ball fangen können?

- **Material**

  ein mindestens 30 cm langer, möglichst gerader Stock, der sich gut mit Kinderhänden greifen lässt oder ein 30 cm langes Lineal, ein dünner Permanent-Marker, ein Papier zu Dokumentationszwecken, ein Tritthocker

- **Umsetzung**

  Bei diesem Experiment arbeiten immer zwei Kinder zusammen. Zunächst wird ein Ende des Stockes gekennzeichnet. Nun steigt ein Kind mit dem Stock auf den Tritt und hält ihn senkrecht nach oben – so, dass das gekennzeichnete Ende nach unten zeigt. Das Partnerkind steht daneben und hält seine Hände so, dass es den Stock gut greifen bzw. auffangen kann, wenn das erste Kind den Stock fallen lässt.

  Sobald der Stock fallengelassen wird, geben die Nerven im Auge des zweiten Kindes diesen Reiz an das Gehirn weiter. Das Gehirn sendet daraufhin sofort den Befehl an die Hand, zuzugreifen. Reicht die Reaktionszeit, bzw. Stocklänge, dass das zweite Kind rechtzeitig zugreifen kann und den Stock fängt?

  Wichtig ist, dass das fangende Kind seine Hand nicht nach oben bewegt. Markieren Sie den Punkt, wo das Kind das Lineal aufgegriffen hat und lassen Sie die Kinder die Rollen tauschen.

- **Weiterführende Ideen**
  - Vergleichen Sie nach dem Versuch die Aufgriffs-Markierungen bzw. -Längen. Haben die Kinder eine Idee, weshalb diese unterschiedlich sind?
  - Machen Sie als pädagogische Fachkraft unbedingt mit, denn die Reaktionszeit kann im Alter nach lassen. Stimmt das?
  - Lässt sich die Reaktionszeit auch trainieren? Werden die Werte beim Wiederholen besser?

Was genau passiert beim Reaktionstest?

Bei einer optischen Veränderung (hier: das Fallen des Stocks) soll der Bewegungsapparat auf eine bestimmte Weise reagieren (hier: den Stock fangen). Die optische Information muss vom Auge zum Gehirn weitergeleitet und dort verarbeitet werden. Von dort muss das entsprechende Signal von der Muskelbefehlszentrale an die passenden Muskeln gesendet und dort ausgeführt werden. Dies ist ein sehr komplexer Vorgang. Wenn wir uns diesen Vorgang bewusst machen und dann unsere Reaktionsgeschwindigkeit anschauen, dürfen wir uns eigentlich ständig wie »Olympiasieger« fühlen.

Die Verarbeitung von Signalen im Gehirn und die Weiterleitung von Bewegungsimpulsen über Nervenleitungen ist eine notwendige Voraussetzung für unsere Beweglichkeit. Ist eine dieser Leitungen, wie z.B. bei Menschen mit Querschnittslähmung, unterbrochen oder gestört, so können diese Menschen, trotz intakter Knochen, Bänder, Sehnen und Muskeln ihre betroffenen Gliedmaßen nicht bewegen oder müssen Bewegungen mühsam trainieren.

Was macht Knochen stabil?

Etwas mehr als 200 Knochen bilden unser inneres Schutz- und Stützsystem, den passiven Teil unseres Bewegungsapparates. Auf fast jedem Fasching, oder beim immer populärer werdenden »Halloween«, gibt es Kinder, die sich als Skelette verkleiden. Unter Umständen haben viele deshalb heutzutage schon früh eine Vorstellung, wie der Knochenaufbau in ihrem Körper aussieht.

Knochen: ein ideales Körper-Bau-Material

Unsere Knochen sind sehr stabil »konstruiert«, aber nicht aus Beton oder Holz. Knochen können wachsen, sich selbst reparieren und halten sehr viel aus, obwohl sie relativ wenig Gewicht haben. Knochen dürfen aber auch nicht zu schwer sein. Diese Materialeigenschaften geben Knochen auch die Fähigkeit Geräusche weiterzuleiten. Deshalb können wir uns auch hören, wenn wir uns die Ohren zuhalten. Geräusche, die in unserem Inneren entstehen, beispielsweise unser Sprechen oder Kaugeräusche, werden durch unsere (Schädel-)Knochen verstärkt und klingen für uns viel lauter als für andere.

Forscherfragen

- Welche stabilen Materialien kennen die Kinder?
- Welches Material könnte sich für Knochen eignen?
- Was müssen Knochen alles können?
- Welche Funktionen, außer Schutz und Stabilität, fallen den Kindern noch ein?

Forscher in Aktion

Durch die eigenen Knochen hören

- **Einstiegssituation**

  Überlegen Sie mit den Kindern (und probieren sie aus), wie laut man es krachen hört, wenn man selbst eine knackige Karotte isst. Ist das Geräusch genauso laut, wenn wir jemand anderem beim Karottenessen zuhören?

- **Material**

  Stimmgabel

- **Umsetzung**

  Probieren Sie mit den Kindern aus, was zu hören ist, wenn man sich den Griff einer schwingenden Stimmgabel an den Schneidezahn hält. Möglich ist auch, dass sich ein Kind den Zeigefinger ins Ohr steckt, während ein anderes den Griff der schwingenden Stimmgabel an dessen Ellbogen drückt. Auf einmal klingt es im Ohr! Das funktioniert überall dort, wo unsere Knochen dicht unter der Haut liegen und nicht unter Muskel- oder Fettgewebe versteckt sind – z. B. auch, wenn man sein Knie zum Ohr zieht und die Stimmgabel an den Fußknöchel gehalten wird. Auch wenn wir reden, wird unsere eigene Stimme durch unser Skelett verstärkt. Summen Sie mit den Kindern ein Lied, während sich alle die Ohren zuhalten.

- **Weiterführende Idee**

  Besonders beeindruckend erleben kann man die Fähigkeit unseres Knochengerüstes, Schwingungen weiterzuleiten, mit folgendem Experiment: Der Proband oder die Probandin nimmt das eine Ende eines hölzernen Eisstiels zwischen die Zähne und legt das andere Ende des Stiels auf einer Spieluhr ab. Nun wird diese betätigt – was passiert?

(Quelle: Stiftung Haus der kleinen Forscher)

Knochen-Lexikon für Mehrwisser

- Je nach Funktion kann man verschiedene Knochentypen unterscheiden: Es gibt Röhrenknochen, wie den Oberarmknochen, der gefüllt ist mit gelbem Knochenmark und blutzellbildendendem roten Knochenmark. Zu den sogenannten »platten Knochen« gehören z.B. die Schädelknochen und die 12 Rippenpaare. Zu den meist würfelförmigen »kurzen Knochen« zählen die Handwurzelknochen. Die sogenannten »Sesamknochen« sind in Muskelsehnen oder Gelenkkapseln eingebetteten, wie z.B. die Kniescheibe im Knie. Sie sind dort zu finden, wo der Bandapparat einer besonderen Belastung standhalten muss. Daneben gibt es noch unregelmäßig geformte Knochen, wie die 33 bis 34 Wirbel der Wirbelsäule.

- Alle Knochen haben eine definierte Länge und Form, einige haben »Geschwisterknochen«, die ihnen in bestimmter Weise entsprechen. Ein solches »Geschwisterpaar« sind beispielsweise die Elle (das ist der Unterarmknochen, der auf der Seite des kleinen Fingers gelegen ist) und der Fuß: Diese beiden Knochen sind bei einem Menschen immer genau gleich lang. Die Elle ist auch eine Längenmaßeinheit und gilt als eines der ältesten Naturmaße weltweit. Vielleicht hat ein Kind schon einmal so ein Ellenmaß im Museum gesehen? Oder gibt es in der Gruppe Kinder mit Migrationshintergrund, in deren Herkunftskultur das Ellenmaß gebräuchlich ist? (Dies ist z.B. im polnischen Lokiec und im ost-indischen Deral der Fall, und der jüdische Sabbatweg darf maximal 2000 Ellen lang sein.) In manchen Ländern wird auch in »Feet« (Fuß) gemessen. Dieses Längenmaß orientierte sich ehemals am Fuß des jeweiligen Königs. Mittlerweile hat sich das Längenmaß Feet als einheitliches Höhenmaß in der Luftfahrt etabliert.

- Der Arm ist unser Körperteil mit den meisten Knochen. Fast die Hälfte aller Armknochen (insgesamt 60 Stück) sind in unserer Hand (27 Knochen)«verbaut«.

Forscherfragen

- Kennen die Kinder eine Möglichkeit, Knochen sichtbar zu machen? Vielleicht hatte ein Kind schon mal eine Verletzung eines Knochens und kann ein Röntgenbild von sich mitbringen?

- Welche Möglichkeiten, Knochen zu untersuchen, fallen den Kindern noch ein?

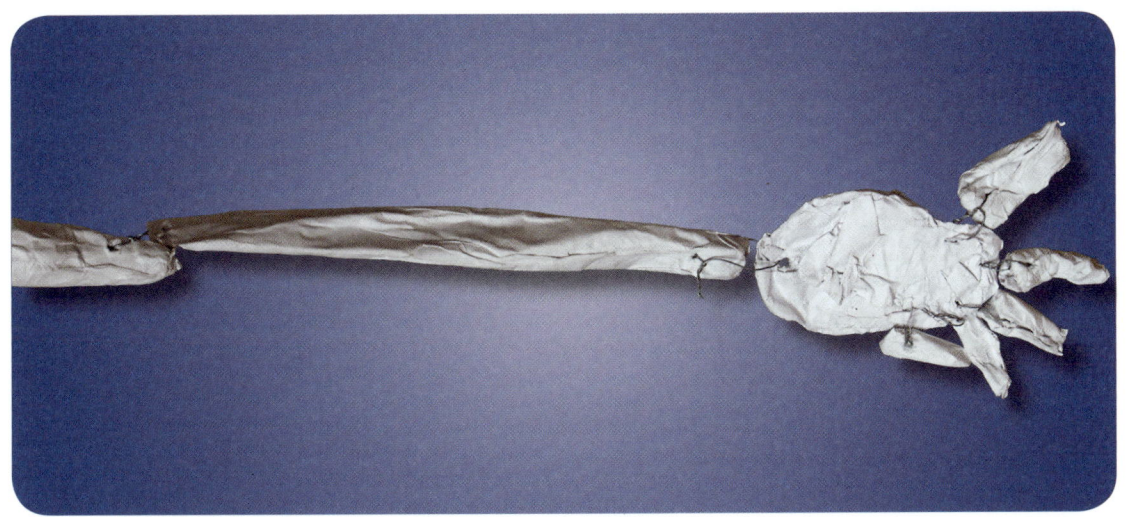

Forscher in Aktion

Modellbau: Unser Knochengerüst im Arm

- **Einstiegsfragen**
  - Wie viele Knickmöglichkeiten haben wir am Arm?
  - Wie stellen die Kinder sich diese vor?
  - Wo können wir an unseren Armen durch die Haut Knochen spüren?
  - Ist der Arm ein einziger Knochen von der Schulter bis zum Daumen?
  - Wie viele Knochen können wir ertasten?
  - Können wir das Knochengerüst des Armes nachbauen?
  - Welches Material würde sich dazu eignen?

- **Material**

  Draht und Zange, Papier und Kleister für Pappmaché, ggf. Nagel und Hammer

- **Umsetzung**

  Formen Sie gemeinsam mit den Kindern die ertasteten Knochen aus Papier nach und lassen Sie die Teile trocknen. Mit Hilfe von Draht können die Kinder die einzelnen »Knochen« verbinden (diesen Arbeitsschritt sollten nur ältere Kinder unter Aufsicht eines Erwachsenen durchführen, da man sich mit dem Draht leicht verletzen kann). Haben die Kinder andere Ideen, wie die gebastelten Knochen verbunden werden könnten?

- **Weiterführende Ideen**
  - Ist das erstellte Modell genauso beweglich wie der eigene Arm? Kann sich das Modell »ohne Hilfe« bewegen?
  - Weisen Sie die Kinder auf ihre Bewegungsmöglichkeiten hin. Testen Sie mit den Kindern aus, bis wohin wir mit unseren Armen gelangen können. Wie viele Stellen gibt es an unserem Körper, die wir nicht mit dem einen oder anderen Arm berühren können?

Warum ist unser Körper so beweglich?

Einen wichtigen Anteil an der enormen Beweglichkeit unseres Körpers hat die Konstruktion unserer Gelenke, also die Punkte, wo zwei Knochen aneinander »stoßen« bzw. zusammenarbeiten. Die Gelenke stellen genau steuerbare Bereiche der Knochenverbindungen dar. Der Zusammenhalt der Gelenke ergibt sich über Bänder – sehr feste und wenig elastische Gewebestränge, die die Gelenke umhüllen. Bänder stabilisieren unser Knochengerüst und begrenzen unsere Bewegungsmöglichkeit im positiven Sinne, indem sie für den notwendigen Halt sorgen. Dies ist z. B. für die Stabilität auf wackligen oder unebenen Untergründen sehr wichtig.

Bänder allein führen also noch nicht zur Beweglichkeit von Gelenken. Erst durch die Vielzahl der Muskeln des Körpers, die an vielen Knochen ansetzen, kann der Bewegungsapparat extrem vielfältige Bewegungen ausführen. Durch dünne Sehnen können Muskeln auch dort ansetzen, wo für Muskeln kaum Platz ist, wie zum Beispiel im Handbereich. Nur durch das Zusammenwirken der Muskeln, Sehnen, Bänder und Gelenke ist eine Genauigkeit der Bewegung möglich, und es gelingen solche feinmotorischen Übungen, wie z. B. das Essen mit Besteck.

Wie funktionieren die Gelenke?

Zwischen Hand und Schulter findet man fast alle wichtigen Gelenktypen. In der Schulter sitzt ein Kugelgelenk, die Endgelenke der Finger sind Scharniergelenke und können recht stabil um eine Achse drehen. Ganz ähnlich, ebenso mit einer Achse, funktionieren Zapfen- oder Drehgelenke, die wir im Ellenbogengelenk zwischen Elle und Speiche finden. Sie ermöglichen uns die Drehung des Unterarms am Ellenbogen. Der Daumen ist mit der Handwurzel durch ein besonderes Gelenk verbunden: einem Sattelgelenk.

Forscherfragen

- Kann unser Handgelenk genauso viele Bewegungen ausführen wie unser Schultergelenk? Probieren Sie mit den Kindern aus, in welche Richtung sich die Schulter bewegen lässt.
- Haben die Kinder eine Idee, wie man dies aufzeichnen könnte?
- Mit welchen Gelenken im Arm lässt sich ein Kreis in die Luft malen?
- Geht dies auch mit einzelnen Fingern oder mit dem Daumen?
- Kann man einen Stift auch ohne Daumen hochheben?
- Wer schafft es mit nur einer Hand?

Klein aber Oho! Der Daumen hilft uns, die Welt zu begreifen

Direkt nach der Geburt verfügt ein Mensch über einen festen Greifreflex. Das gezielte Greifen mit dem »Affengriff« entwickelt sich bei den meisten Kindern um den 6. Lebensmonat. Erst danach entwickelt sich der evolutionär so wichtige Pinzettengriff, bei dem der Daumen gegenüber dem Zeigefinger steht. Diese Art zu greifen (Opponierbarkeit) ist für unseren Alltag sehr wichtig und war für die Entwicklung des modernen Menschen von großer Bedeutung. Dieser Griff wird nur durch die Besonderheit unseres Daumengelenkes möglich.

Das Daumensattelgelenk ist kompliziert aufgebaut und zeichnet sich durch eine hohe Stabilität und große Beweglichkeit (Beugung und Streckung, An- und Abspreizung sowie eine zusätzliche Rotation und die sich daraus ergebende Opposition) aus. Das Gelenk wird von sieben Bändern und zusätzlich durch die Muskulatur stabilisiert. In letzter Zeit wird die Bedeutung der Beweglichkeit des Daumens wieder vermehrt beim Einsatz von modernen Kommunikationsmitteln genutzt: Wer tippt seine SMS schon mit dem Zeigefinger? Es lohnt sich, die Kinder auf die vielfältigen Möglichkeiten des Daumens aufmerksam zu machen, die sich durch sein einmaliges Gelenk für uns eröffnen.

Forscher in Aktion

Das Greifen begreifen

- **Einstiegssituationen**

   Guter Griff beim Tragen von Gegenständen; etwas wurde fallen gelassen (zerbrochener Teller); Stift- oder Pinselhaltung beim Malen; Kneten, Zangen und Pinzetten als Werkzeuge; Essen mit Besteck; das Benutzen einer Schere

- **Einstiegsfragen**

   - Wie halten die Kinder einen Becher oder Teller fest, wenn sie den Tisch decken?
   - Nutzen die Kinder immer die ganze Hand zum Festhalten?
   - Halten alle Kinder die Stifte gleich?
   - Gibt es unterschiedliche Haltungen für unterschiedliche Arten zu Malen?
   - Haben wir am Körper auch eine Zange/Pinzette?
   - Könnten Menschen eine Schere mit den Füßen benutzen?

- **Material**

  verschiedene Gegenstände, z. B. ein mittelgroßer Stein, ein Kieselstein, ein Schuhkarton, ein Stift, ein (Plastik-)Teller, eine Spielfigur, Erbsen, ein Blatt Papier

- **Umsetzung**

  Legen Sie in die Mitte des Stuhlkreises oder auf den Gruppentisch verschiedene Gegenstände und lassen Sie die Gegenstände im Kreis herumreichen. Weisen Sie die Kinder darauf hin, dass sie auf ihren Griff achten: beim Aufheben und beim Weiterreichen. Die Kinder beobachten, wie die anderen Kinder die Gegenstände weiterreichen. In einer zweiten Runde bekommen die Kinder die Aufgabe, das Aufgreifen und Weiterreichen der Gegenstände durchzuführen, ohne den Daumen zu benutzen.

- **Weiterführende Ideen**

  - Die Kinder sortieren die Gegenstände nach den Kriterien »lässt sich auch ohne Daumen greifen/aufheben« und »ohne Daumen geht es nicht«. Sind alle Kinder mit der Zuordnung einverstanden? Bei mehreren Gruppen können Sie vergleichen, ob alle zu den gleichen Ergebnissen kommen.
  - Steht der Daumen mit den Fingern in einer Linie? Welche Bewegungen kann der Daumen ausführen – welche Bewegungen die anderen Finger? In welchen Situationen ist unser Daumen wichtig? Können bestimmte Tätigkeiten (z. B. Malen, Essen) ohne Daumen ausgeführt werden? Hat der Daumen noch andere Gelenke?

Forscher in Aktion

Greifen für Fortgeschrittene

- **Einstiegsfragen**

  - Kann man Gegenstände auch mit den Füßen aufheben oder weiterreichen?
  - Welche Gegenstände lassen sich gut aufheben, welche schwieriger?
  - Gibt es Gegenstände bei denen es gar nicht funktioniert?
  - Wie unterscheiden sich Hände und Füße?

- **Material**

  verschiedene Gegenstände, z. B. ein mittelgroßer Stein, ein Kieselstein, ein Schuhkarton, ein Stift, ein (Plastik-)Teller, eine Spielfigur, Erbsen, ein Blatt Papier, eine Zange

- **Umsetzung**

  Die Kinder beantworten die Einstiegsfragen zunächst nach ihrem Wissen oder ihren Vermutungen. Dann führen sie praktische Versuche mit verschiedenen Gegenständen durch. Vielleicht hat ein Kind schon mal einen Affen im Zoo gesehen – wie sehen deren Füße aus?

  Überlegen Sie anschließend mit den Kindern, ob es noch einen anderen »Ersatz« für die Hand gibt, als den Fuß. Falls die Kinder nicht von alleine auf die Idee kommen, bringen Sie die mitgebrachte Zange ins Spiel:

  - Gibt es Tätigkeiten die eine Zange kann, aber nicht eine Hand?
  - Was unterscheidet eine Zange von unserer Hand?

- **Weiterführende Ideen:**
  - Überlegen Sie mit den Kindern, wie das Gelenk vom Daumen aussehen müsste. Haben sie eine Idee, wie man so ein Gelenk nachbauen könnte?
  - Kennen die Kinder Gelenke außerhalb vom menschlichen Körper? Haben ein Bagger oder ein Fahrrad Gelenke? Sind die Bänder bei einem Kran für die Bewegung zuständig oder zur Stabilisierung?
  - Suchen Sie in ihrer Einrichtung nach Spielzeug, das bewegliche Einzelteile hat wie z. B. Marionetten oder einen Kran und betrachten dies mit den Kindern. Haben diese Spielzeuge auch ein Skelett?
  - Können die Kinder feststellen, ob für die Beweglichkeit der Spielsachen immer eine Art von Gelenk oder Bänder notwendig sind? Finden sie ein Spielzeug, das Muskeln bzw. etwas Vergleichbares besitzt, mit dem es sich »von sich aus« bewegen kann? (Aufziehbares Spielzeug oder ferngesteuerte Fahrzeuge faszinieren fast alle Kinder, weil diese sich »selbstständig« bewegen« können.)

Wofür brauchen wir Muskeln?

Muskeln sind den meisten Kindern ein Begriff und werden von ihnen mit Stärke assoziiert. Der stärkste Muskel in unserem Körper ist der Kaumuskel. Dass genau dieser Muskel unser stärkster ist, sagt viel über die wichtigste Eigenschaft von Muskeln aus: Sie werden besonders stark und wachsen sogar durch Benutzung, anstatt sich abzunutzen, wie z. B. ein Buntstift, der viel genutzt wird.

Man unterscheidet zwischen drei Muskeltypen: der glatten Muskulatur, die man im Darm findet, und der quer gestreiften Muskulatur des Bewegungsapparates. Der Herzmuskel ist ein einzigartiger Muskel im menschlichen Körper und arbeitet »automatisch«. Die meisten Muskeln können wir mit unserem Willen steuern. Es ist im Elementarbereich nicht nötig, den genauen Muskelaufbau zu kennen, aber sicherlich hilfreich zu wissen, dass es Muskeln gut tut, sie zu nutzen und dass es keine »Abnutzung« gibt. Allein im Gesicht haben wir 40 Muskeln und die sollten wir mindestens einmal am Tag zum Lachen und lächeln nutzen, denn auch das ist ein Grundbedürfnis des Menschen!

Spiel

Lachmuskeln trainieren

- **Einstiegsfragen**
  - Haben wir auch im Gesicht Muskeln?
  - Wer kann mit seinen Ohren, der Nase oder der Kopfhaut wackeln?
  - Kann man gute Laune jemanden im Gesicht ansehen?
- **Material**
  keines, aber viele gut gelaunte Menschen
- **Umsetzung**

Vielleicht kennen die Kinder das einfache Spiel, dass alle Schweigen und jedes Kind versucht, die anderen Kinder mit Grimassen zum Lachen zu bringen. Die Kunst dabei ist, kein Geräusch zu machen und nicht die Hände zu Hilfe zu nehmen, sondern sich ganz auf das Gesicht zu konzentrieren. Wie lange kann die Gruppe still Grimassen schneiden? Lachen ist gesund!

Damit die Muskeln wachsen können und für jede Art von Bewegungen, sind drei wichtige Dinge Voraussetzung: Ein funktionierender Motor (Herz), der Treibstoff (Sauerstoff) und Nährstoffe zum Ort des Geschehens bringt und eine gut funktionierende Schaltzentrale – unser Gehirn mit seinen Leitungen. Musik wirkt positiv auf sie alle drei: Sie beeinflusst u. a. den Herzschlag, den Blutdruck, und die Atemfrequenz. Ebenso hat Musik einen Einfluss auf die Gehirnaktivität (Manfred Spitzer 2005: *Musik im Kopf*).

Musik wirkt unmittelbar auf unser motorisches Zentrum im Gehirn, weshalb Melodien und Rhythmen uns unwillkürlich zum Klatschen, Tanzen oder Mitsingen animieren. Dabei werden im Körper Hormone ausgeschüttet, die Glücksgefühle in uns auslösen. Weil Musik und Bewegung Körper und Geist aktivieren und unser Wohlbefinden stärken, sind Bewegungslieder eine hervorragende Möglichkeit, große und kleine Leute geistig und körperlich »in Schwung« zu bringen. Sicher gibt es in jeder Einrichtung Bewegungslied-Klassiker, die immer wieder von den Kindern gewünscht werden. Von Elke Gulden und Bettina Scheer stammt das folgende Beispiel für ein bewegtes »Gute-Laune-Lied«, bei dem sich auch der Text um Körper und Beweglichkeit dreht:

Der Klatsch-in-die-Hände-Beat-Dance-Song

Text: Bettina Scheer / Elke Gulden
Musik: Ralf Kiwitt
In: Es tanzt die Kuh mit Stöckelschuh
© Don Bosco Medien GmbH, München 1. Auflage 2012

1. Klatsche in die Hände,   in die Hände klatschen
    klatsche sie so.
    Patsch auf deine Knie   auf beide Knie patschen
    und auf den Po,   auf beide Pobacken patschen
    schüttel deine Arme wild umher!   Arme wild schütteln
    Ihr wollt bestimmt noch mehr.
    Yeah!   beide Arme in die Luft reißen

2. Tippe deine Finger,   die Zeigefingerkuppen
    tippe sie so.   gegeneinander tippen
    Patsch auf deine Knie   auf beide Knie patschen
    und auf den Po,   auf beide Pobacken patschen
    schüttel deine Arme wild umher! Arme wild schütteln
    Ihr wollt bestimmt noch mehr.
    Yeah!   beide Arme in die Luft reißen

3. Rolle deine Schultern,   die Schultern nach vorne
    rolle sie so. Patsch …   oder hinten rollen

4. Stampfe mit den Füßen, mit den Füßen am Platz
    stampfe sie so. Patsch … stampfen

5. Schlotter mit den Beinen, mit den Beinen schlottern
    schlotter sie so. Patsch …

6. Wackel mit den Zehen,   mit den Zehen wackeln
    wackel sie so. Patsch …

7. Schwinge deine Arme,   die Arme nach vorne und
    schwinge sie so. Patsch … hinten schwingen

Ruhe und Entspannung
Mach mal Pause!

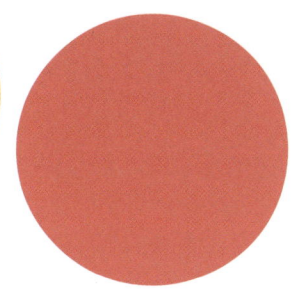

Schlaf- bzw. Ruhepausen sind ebenso ein Grundbedürfnis des Menschen wie körperliche Bewegung. Unser Schlaf, unsere Bewegung und unsere Ernährung beeinflussen sich gegenseitig – wir benötigen alle drei in einem gleichmäßigen Rhythmus. Wer zu wenig schläft, wird müde, bewegt sich zu wenig und hat dadurch einen anderen Bedarf an Nahrung, der aber oft nicht wahrgenommen wird. Wer zuviel isst, wird träge und bewegt sich zu wenig und wird somit auch nicht müde und schläft oft zu wenig. Für alles drei benötigen wir den Treibstoff, den uns unsere Lunge zuführt: Sauerstoff.

Dem Atem auf der Spur

Warum gähnen wir, wenn wir müde sind?

Beim Gähnen müssen die Menschen den Mund weit aufreißen und können sich nicht dagegen wehren. Auslöser für das Gähnen ist Sauerstoffmangel, der wiederum durch Müdigkeit oder auch verbrauchte Luft zustande kommt.

Bei einem kräftigen Gähnen werden Muskeln im Hals und im ganzen Gesicht bewegt. Dadurch wird jede Menge Sauerstoff aufgesaugt und in die Lungen gepumpt. Sauerstoff hilft sowohl gegen Müdigkeit, als auch bei schlechter Luft. Manchmal können uns beim Gähnen sogar die Tränen kommen, das liegt daran, dass sich kleine Muskeln an der Innenseite unserer Augen zusammenziehen und Tränen in die Augen drücken.

Gähnen ist ansteckend, und es reicht manchmal sogar schon zu sehen, wie jemand im Fernsehen gähnt, oder auch nur darüber zu lesen, dass wir auch gähnen müssen. Forscher haben herausgefunden, dass Menschen am häufigsten gähnen, wenn sie in einer ruhigen Stimmung sind und sich kaum bewegen.

Wer gähnt mit?

- **Einstiegsituationen**

  ein gähnendes Kind; schlechte, muffige Luft im Raum

- **Einstiegsfragen**

  - Was hat das Kind gerade gemacht?

  - Was ist der Unterschied zwischen Gähnen und Aufstoßen?

- **Material**

  keines, aber »lufthungrige« Menschen

- **Umsetzung**

  Sie fangen im Stuhlkreis herzhaft an zu gähnen – wie viele Kinder machen mit? Man kann das Experiment auch in anderer Umgebung ausprobieren. Animieren Sie die Kinder, auch zu Hause, auf dem Schulweg oder im Bus einmal absichtlich zu gähnen und hinterher zu berichten, was sie erlebt haben. Bei wem haben die meisten Leute »mit-gegähnt«?

So atmen wir

Die Atmung ist als einzige physiologische Funktion des Körpers unbewusst gesteuert, kann aber auch mit dem Willen gelenkt werden. Dadurch ist die Atmung eine Grundfunktion des Lebens und mit allen Funktionen des Körpers und unserer Gesundheit verknüpft. Es wird unterschieden zwischen der äußeren oder auch Lungenatmung (Gasaustausch zwischen Luft und Blut) und der inneren oder auch Zellatmung (Gasaustausch zwischen Blut und Zellen). Das Blut ist das Transportmittel des Sauerstoffes von der Lunge zu den Zellen und transportiert Kohlendioxid von dort wieder ab.

Die Zufuhr von Sauerstoff ist für unseren Körper überlebenswichtig, um den inneren Verbrennungsvorgang aufrechtzuerhalten. Wir müssen »verbrennen« um unseren Körper mit Energie zu versorgen. Wir verbrauchen z. B. viel Energie beim Rennen oder schnellen Radfahren und benötigen dabei dementsprechend viel Luft, weshalb unsere Atemfrequenz ansteigt. Unser Körper gleicht also einem Feuer, das ohne Luft nicht brennen kann.

Forscherfragen

- Können die Kinder ihren Atem anhalten? Wie lange geht das?
- Atmen sie nach dem Anhalten zuerst ein oder aus?
- Haben die Kinder eine Idee, wie es zu der beobachteten Reihenfolge kommt?

Was passiert, wenn wir keinen Sauerstoff mehr haben?

- **Einstiegsfragen**
  - Haben die Kinder eine Idee, weshalb sie ihre Kindergartenräume ab und zu lüften sollten?
  - Unterscheidet sich Raumluft von der Luft auf dem Spielplatz?
  - Bewegen sich die Kinder lieber drinnen oder im Freien?
  - Was machen Erwachsene oft beim Anzünden von Grillkohle oder Holz?

- **Material**

  2 Teelichter, 2 identische Gläser, eine feuerfeste Unterlage, Streichhölzer

- **Umsetzung**

  Bitte beachten Sie: Dieses Experiment können die Kinder aus Sicherheitsgründen nicht selbst durchführen! Zünden Sie beide Teelichter an. Was denken die Kinder, wird passieren, wenn sie ein Glas über die Kerze stellen? Was passiert, wenn Sie die Kerze in das Glas stellen mit der Öffnung nach oben? Probieren Sie beides aus – welche Kerze hat länger gebrannt?

  Was passiert, wenn Sie beide Teelichter anzünden und beide Gläser über die Teelichter stellen? Lassen Sie die Kinder zählen, wie lange es dauert, bis die Kerzen aus sind. Sind beide Kerzen gleichzeitig ausgegangen? Falls nicht, suchen Sie mit den Kindern nach Unterschieden bei beiden Gläsern oder den Kerzen. Wiederholen Sie den Versuch – hat es gleich lang gedauert wie beim ersten Mal?

  Nun heben Sie ein Glas ab und geben es einem Kind, um »frische Luft« einzufangen. Das andere Glas heben Sie ganz vorsichtig, mit der Öffnung nach unten an, und stellen es kopfüber neben die Kerze. Beide Kerzen werden wieder entzündet. Stellen Sie das Glas mit der frischen Luft ebenso kopfüber neben die Kerze, wie das Glas mit der »verbrauchten Luft«. Nun heben Sie parallel und gleichzeitig beide Gläser wieder über die Kerzen und stellen diese vorsichtig ab. Die Kinder dürfen wieder zählen. Brennen beide Kerzen gleich lang? Die Kerze mit der frischen Luft sollte länger brennen. Sie können auch diesen Versuch wiederholen – gehen die Kerzen diesmal noch schneller aus?

  Wie läuft der Versuch ab, wenn Gläser mit unterschiedlichem Volumen verwendet werden? Die Kinder können auch frische Luft draußen einfangen und vergleichen, ob der Versuch anders verläuft, als bei der Verwendung von Raumluft. Was möchten die Kinder noch untersuchen?

- **Tipp**

  Feuer hat für alle Kinder eine ganz spezielle Faszination. Ich habe gute Erfahrungen damit gemacht, Kindern das Entzünden von Kerzen unter Aufsicht von Erwachsenen auch im Kindergartenalter zu erlauben. Dies muss jedoch jede pädagogische Fachkraft für sich, der Gruppe und den Räumlichkeiten entsprechend, entscheiden.

Die Sauerstoffzufuhr bei uns Menschen funktioniert automatisch – ebenso automatisch, wie uns der Körper durch das Gähnen einen Mangel an Sauerstoff signalisiert. Trotzdem können wir auch bewusst atmen, wie z. B. beim Singen. Das bewusste Atmen wird in vielen Entspannungsübungen oder Konzentrationsübungen durchgeführt und genutzt.

Atemübung

Ich bin ein Luftballon

- **Einstiegsituation**

  Luftballons aufblasen – liegt es nur an der Größe und Farbe der Luftballons, wie gut man die aufblasen kann? Luftballons werden beim Aufblasen mit jedem Luftstoß größer und größer, aber wehe, jemand hält den Ballon nicht fest verschlossen, dann ist die Luft schnell draußen und der Ballon ist so klein wie vorher. Stimmt das?

- **Material**

  Luftballons

- **Umsetzung**

  Schlagen Sie den Kindern vor, selbst einmal Luftballon zu spielen. Dazu setzen sich alle entspannt hin und saugen ganz langsam Luft ein. Während alle die Luft mit einem lang gezogenen fff-Ton aufnehmen, werden die Kinder dabei größer und größer, sie stehen langsam auf und strecken die Arme nach oben – jetzt ist der Luftballon voll aufgeblasen. Aber der Knoten ist nicht stabil! Die Luft soll mit einem leisen und lang anhaltenden sch-Ton wieder ausgeblasen werden.

- **Tipp**

  Diese Atemübung löst durch die Übereinstimmung von Atem und Bewegung eine körperliche und meist auch geistige Entspannung aus. Durch die Bewegung und die Töne gelangen die Kinder zu einer tieferen Atmung, die die Zwerchfellmuskulatur anregt. Die Zwerchfellatmung ist die gesündeste Form der Atmung und verbraucht weniger Energie als die Brustatmung.

Atemübung

Ärger wegpusten

- **Einstieg**

  Manchmal wird auch Kindern oder ihren Fachkräften alles zu viel. Wer würde da nicht gerne mal vor Ärger »in die Luft gehen«? Statt in die Luft zu gehen, ist es viel besser, dem Ärger oder Stress im wahrsten Sinne des Wortes »Luft zu machen«.

- **Material**

  keines

Alle stehen verteilt in einem großen Raum. Sie atmen tief ein und ballen die Hände zu Fäusten, während sie die Arme V-förmig in die Luft strecken. Beim Ausatmen die Fäuste lockern und schwungvoll mit einem lauten »Ha!« nach vorne beugen. Dabei berühren die Arme den Boden. Führen Sie die Übung 3–5 Mal durch. Wie fühlt sich der Körper jetzt an? Hoffentlich hat sich mit dem »Ha!« etwas Ärger in Luft aufgelöst und der Stress wurde weggepustet!

In der Ruhe liegt die Kraft

Forscherfragen
- Gibt es Geräusche die uns beruhigen? Was ist das Besondere an ihnen?
- Kennen die Kinder Orte, an denen sie gerne still sind? Können sie diese Orte beschreiben?
- Wo fällt es den Kindern leichter, Ruhe zu finden – in einem engem Raum oder unter freiem Himmel?
- Ist es etwas Besonderes, mit einem anderen Menschen zusammen zu schweigen?
- Welches Kind träumt auch mal am Tag? Macht es dabei die Augen zu?
- An welchen Ort würden die Kinder in ihrer Fantasie gerne reisen?

Für unser Wohlbefinden ist es äußerst wichtig, dass wir in unserer Umgebung Orte finden, an denen wir unserem Bedürfnis nach Ruhe und Entspannung nachgeben können. Dies gilt natürlich ganz besonders auch für Kita-Räume.

Forscher in Aktion

Wann und wo finden wir Ruhe?

- **Einstiegsfragen**
  - Gibt es in der Kita Ecken, in denen sich Kinder zurückziehen können und ihre Ruhe haben?
  - Wo haben die Kinder bei sich zu Hause Ruheplätze, wo faulenzen sie am liebsten? (Achtung: Fernsehen ist keine Ruhepause oder Faulenzerei!)
- **Material**
  Ein großes Plakat, Stifte zum Schreiben und Malen
- **Umsetzung**
  Erstellen Sie mit den Kindern ein Plakat, auf dem Sie Ruhe- und Entspannungssituationen auf der einen Seite und auf der anderen Seite lebhafte Situationen und Aktivitäten der Kinder notieren oder aufmalen. Welche Seite ist voller? Kennt jedes Kind eine Situation auf beiden Seiten? Lassen Sie dieses Plakat mindestens einen Monat als Erinnerung hängen. Vielleicht entwickeln die Kinder langsam ein Gespür dafür, was eine Ruhephase für sie bedeutet.

Konzentrationsspiel

Ich höre was, was du nicht hörst

- **Einstiegsituationen**
  Unruhe bzw. Unkonzentriertheit im Stuhlkreis; ungewöhnliche Geräusche; ungewöhnliche Stille
- **Einstiegsfragen**
  - Habt ihr das Geräusch gehört? (evtl. flüsternd vorgetragen)
  - Wer oder was verursacht das wohl?
  - Könnt ihr das Geräusch lokalisieren?
  - Könnt ihr das Geräusch beschreiben?
  - Kennt ihr das Spiel: Ich sehe was, was Du nicht siehst? Wie würden dies wohl Menschen spielen, die nicht sehen können?
- **Spielverlauf**
  Je nach Gruppenzusammensetzung kann es sinnvoll sein, vorab die Beschreibung von Geräuschen zu üben. Dies ist nämlich gar nicht so leicht – vielen fällt zur Beschreibung von Geräuschen zunächst nur »laut« und »leise« ein. Geben Sie den Kindern eine definierte Zeit (1–2 Minuten) zum konzentrierten »In-den-Raum-Hören« und die Aufgabe, sich eines der Geräusche, die sie hören, herauszusuchen. Dies Geräusch soll im Anschluss von den Kindern beschrieben werden. Welche Möglichkeiten gibt es, ein Geräusch zu beschreiben?

- Ort des Geräusches (z. B. im Raum, draußen, über oder unter mir)
- Lautstärke des Geräusches (von »gerade noch zu hören« bis »übertönt alles«)
- Dauer und/oder Rhythmus des Geräusches (rhythmisches oder unregelmäßiges Wiederholen, wie ein durch den Wind bewegter Ast oder ein dauerhaftes Geräusch, wie eine Waschmaschine)
- allgemeine Beschreibung und Vergleiche – z. B. »klingt wie raschelndes Laub«

Konnte die Gruppe die Geräusche identifizieren? Haben sich mehrere Kinder dasselbe Geräusch ausgesucht, und haben die Kinder es gleich beschrieben?

Nun spielen Sie eine Variante von »Ich sehe was, was Du nicht siehst«, bei der das Sehen durch das Hören ersetzt wird, also: »Ich höre was, was Du nicht hörst«. Da wir sehr auf das Sehen fixiert sind (siehe S. 22), erfordert der Fokus auf das Gehör von den Kindern ein großes Maß an Konzentration. Alle Mitspielenden müssen immer wieder ganz ruhig werden, damit das Spiel weitergehen kann. Erfahrungsgemäß achten die Kinder nach 2 Runden meist selbst sehr genau darauf, dass alle Mitspieler zwischendurch ruhig werden, damit alle unter den gleichen Hör-Bedingungen mitspielen.

- **Tipp**

  Dieses Spiel ist nicht nur eine Übung für Ruhe und Konzentration, sondern auch alltagsintegrierte Sprachförderung: Die Kinder müssen nach passenden Wörtern suchen bzw. ihr Geräusch von anderen sprachlich abheben. Beachten Sie dabei, dass es Menschen mit synästhetischer Wahrnehmung gibt, die zu einem Sinnesreiz zwei oder mehrere Wahrnehmungen haben können. Für diese Menschen können die Geräusche definierte Farben oder Formen haben.

Ernährung und Verdauung
So läuft unser Bio-Motor

Wenn Kinder Kopffüßler malen, sind sie sich dann ihres Bauches bewusst? Fragen Sie diese Kinder, wohin der Bauchnabel gehört. Sicherlich hat der zwischen den Beinen oder im Kopf seinen Platz. Es lohnt sich, unseren Bauch genauer zu betrachten und zu untersuchen, was genau sich unterhalb unseres Kopfes anschließt.

In unserem Kopf befindet sich unser Gehirn – die »Schaltzentrale«, ohne die wir nicht überleben können. Ein einzelner Kopf kann aber auch nicht überleben. Unser Kopf sorgt dafür, dass unser Bauch zu tun bekommt, indem er z. B. ein Verhalten auslöst, das uns den Mangel an Nahrung oder frischer Luft (siehe S. 70) deutlich macht. Unsere Schaltzentrale signalisiert uns, dass wir diesen Mangel beheben müssen und steuert alle Bewegungen, die hierfür notwendig sind, also z. B. um Nahrung zuzubereiten oder zu besorgen. Ohne Sauerstoff, Flüssigkeit und Nahrung können wir nicht überleben. Was aber passiert im Körper mit unserer Nahrung?

Wie wird aus Müsli Muskelkraft?

Wie kann der Körper z. B. aus Müsli die Kraft holen, die wir brauchen, um uns zu bewegen und zu wachsen? Wenn Menschen sich viel bewegen, empfinden sie meist schneller Hunger und Durst. Dies sind die natürlichen Signale des Körpers, dass wir Wasser und Nahrung zuführen sollten. Der Körper verbraucht aber auch im Schlaf Nährstoffe, denn auch dann arbeiten Lunge, Herz und Blutkreislauf, sowie das Gehirn weiter. Beim Verbrauch von Nährstoffen »verbrennen« wir diese zu Energie bzw. wandeln die Nahrung in Bewegung um, so wie eine Kerze das Wachs durch ihre Flamme in Licht und Wärme umwandelt.

Forscher in Aktion

Kann man ohne Nahrung wachsen?

- **Einstiegssituationen**

  Essensreste; Gespräche über »gesunde« Dinge, die den Kindern vielleicht nicht schmecken; jede Situation, in der feste Nahrung aufgenommen wird; brennende Kerzen
- **Einstiegsfragen**
  - Kann der Körper ohne Nahrung wachsen?
  - Was braucht eine Kerze, um brennen zu können?
  - Brennen dünne oder dicke Kerzen schneller ab?

  - Wohin geht das Wachs?
  - Kann ein Docht auch alleine brennen?

- **Material**

  Eine lange dünne Kerze, eine anders geformte Kerze, Stift

- **Umsetzung**

  Für das Verdauen der Nahrung und den Verbrauch von Nährstoffen dient zur Anschauung wieder eine Kerze: Eine Kerze verbraucht Luft und kann ohne frische Luft nicht brennen (siehe S. 72). »Kerzen-Nahrung« ist meist Wachs. Was passiert, wenn Sie eine lange Kerze während des Morgenkreises oder Stuhlkreises haben brennen lassen? Markieren Sie die Kerze direkt unterhalb des Dochtes – wie lange dauert es, bis die Markierung verbrannt wird? Sie können auch eine dünne und eine dicke Kerze unterscheiden – was erwarten die Kinder, wo die Markierung schneller verbrennt?

  Damit unser Körper nicht »kürzer« bzw. schwächer wird, müssen auch Menschen ihr »Brennmaterial« immer wieder auffüllen. Was denken die Kinder, ist unser Brennmaterial? Unser Brennmaterial ist die Nahrung, die wir zu uns nehmen. Aber können Brot, Obst, Gemüse oder unsere Getränke brennen? Was für ein geheimnisvolles Kraftwerk wohnt dort im Inneren unseres Körpers?

Was passiert im Mund beim Essen?

Damit Nahrung in unserem Körper in Kraft umgewandelt werden kann, muss sie in ihre Bestandteile zerlegt werden. Diese Zerlegung beginnt in unserem Mund. Dort machen unsere Zähne und der Speichel aus fester Nahrung einen Brei. Sicherlich kennen viele das Unbehagen, einen Feststoff, wie z. B. eine Tablette, hinunterzuschlucken. Brei und Flüssiges rutscht besser und kann von unserem Magen viel leichter und besser weiterverarbeitet werden.

Forscher in Aktion

Wie wird im Mund aus Brot und Möhren Brei?

- **Einstiegsfragen**
  - Womit beißen die Kinder ab?
  - Können die Kinder auch mit den Backenzähnen abbeißen?
  - Können sie mit den Schneidezähnen auch kauen?
  - Was können die Kinder mit »Wackelzähnen« über das Kauen und Abbeissen berichten?
  - Bleibt das Knäckebrot oder der Zwieback im Mund trocken?
- **Material**

  Lupe, Hand-Spiegel, ausgefallene Michzähne (falls vorhanden), Knäckebrot oder Zwieback, Möhre oder Gurke (beachten Sie Unverträglichkeiten der Kinder), Mörser

- **Umsetzung**

  Essen Sie mit den Kindern ganz bewusst ein Knäckebrot oder Zwieback, und eine Möhre oder eine Gurke. Versuchen Sie Knäckebrot und Zwieback außerhalb des Mundes zu zerkleinern. Was schlagen die Kinder vor, wird dazu benötigt? Wenn die Kinder den Zwieback zerkleinert haben, wird dieser zu Pulver oder zu Brei? Was ist der Unterschied von Brei und Pulver? Was wird benötigt, um zerkleinertes Knäckebrot/Zwieback in einen Brei umzuwandeln?

- **Weiterführende Ideen**
  - Vielleicht haben einige Kinder bereits ausgefallene Milchzähne aufbewahrt. Bitten Sie die Kinder, diese mitzubringen, damit sich alle die Zähne genauer unter der Lupe anschauen können. Haben alle Zähne dieselbe Form? Wie kommen die Schneidezähne zu ihrem Namen?
  - Es führen vom Mund zwei Röhren in unseren Körper hinein: die Luft- und die Speiseröhre. Landet Luft in der Speiseröhre, müssen wir aufstoßen, landen Speisen in der Luftröhre, haben wir uns verschluckt und versuchen die Nahrung durch Husten wieder herauszuschleudern. Ist die Röhre, in der Essen und Trinken vom Mund in den Magen wandern, wie eine Röhre auf dem Spielplatz oder wie eine Regenrinne?

Kopfüber trinken – geht das denn?

Wäre die Speiseröhre eine Rutschbahn, dürfte es uns nicht möglich sein, kopfüber zu essen und zu trinken, denn dann würde unser Essen wie auf einer Rutschbahn hin- und hersausen.

Selbstversuch: Kopfüber trinken

- **Material**

    ein Stuhl oder eine Turnstange, ein Glas Wasser, ein Strohhalm

- **Umsetzung**

    Die Kinder können sich auf einen Stuhl legen oder an eine Turnstange hängen und Wasser mit einem Strohhalm trinken. Ist es ihnen möglich, zu schlucken? Wohin, denken die Kinder, ist das Wasser geschluckt worden? Ist es im Kopf oder im Bauch gelandet?

Unsere Speiseröhre ist umgeben von vielen Muskeln, die die Nahrung in Richtung Magen drücken. Im nächsten Versuch können die Kinder ausprobieren, wie diese Muskeln arbeiten:

Forscher in Aktion

Wir bauen eine Speiserutsche

- **Einstiegssituationen**

    Jede Essensituation; Verschlucken; ein »Rülpser«

- **Einstiegsfragen**

    - Wie schlucken wir?
    - Wie wandert die Nahrung weiter in den Magen?

- **Material**

    Eine große (Papp-)Röhre, ein Schlauch und eine Kinderstrumpfhose (Durchmesser und Länge sollten bei beiden der Röhre in etwa entsprechen), ein Tisch- oder ein Tennisball, je nach Durchmesser der Öffnungen

- **Umsetzung**

    Der Ball symbolisiert den Nahrungsklumpen oder einen großen Tropfen Wasser, der über die Speiseröhre im Magen landen soll. Lassen Sie die Kinder den Ball durch alle 3 Öffnungen fallen. Die drei Röhrenmaterialien sollen dabei nach unten zeigen. Gelangt der Ball immer nach unten? Geht der Ball auch durch die »Röhren«, wenn diese waagerecht auf dem Tisch oder Boden liegen?

    Was passiert, wenn die Röhren nach oben zeigen? Wie geht der Ball dann durch die Röhren? Gelingt es auch, den Ball von unten nach oben zu bringen, wenn die Röhren senkrecht zeigen? Haben die Kinder eine Möglichkeit gefunden? Vergleichen Sie diese Möglichkeit mit der Art und Weise, wie sich unser Schlucken anfühlt.

    Versuchen Sie, den Ball (unsere Nahrung) durch das Strumpfhosenbein mit den Händen hochzudrücken. Die Hände machen dann die Arbeit, die unsere Muskeln in der Speiseröhre ausführen, denn die Speiseröhre ist ein »Muskelschlauch«. Nach diesem Prinzip wird der Nahrungsbrei auch im gesamten Magen-Darm-Trakt vorwärtsgeschoben. Man nennt diese vorantreibende Bewegung Peristaltik.

So arbeiten Magen und Darm

Der Magen ist ein dehnbarer Beutel und gleichzeitig der »Mixer« des Körpers. Im Magen wird der Essensbrei mit verdünnter Salzsäure gemischt und weiter zu einem Brei geknetet. Bei der Herstellung des Knäckebrot-Zwieback-Breis haben die Kinder die Notwendigkeit von Flüssigkeit hoffentlich schon erkannt. Bestimmt haben die Kinder schon einmal einen Pizza- oder Kuchenteig hergestellt: Die festen und flüssigen Zutaten vom Teig müssen dabei unbedingt verknetet werden! Die Magenschleimhaut bildet für die Breibildung und zur Vernichtung von Bakterien täglich 2–3 Liter sauren Magensaft. (Jeder, der sich schon einmal übergeben musste, weiß, dass danach ein saurer, ätzender Geschmack im Mund zurück bleibt.) Nach 1–3 Stunden wandert der fertige Brei weiter in den Darm und wird dort durch die den Darm umgebenden Muskeln »weitergeschoben«. Jetzt können die Bausteine durch die Darmwand vom Blut abtransportiert werden. Damit dem Körper keine Bausteine entgehen, ist der Weg durch den Darm sehr lang. Bei 5 Jahre alten Kindern ist der Darm durchschnittlich 4,5 m, bei Erwachsenen sogar durchschnittlich 8 m lang.

Forscher in Aktion

Platz da – ich verdaue!

- **Einstiegssituation**
  Bauchgrummeln oder »Glucker-Geräusche« im Bauch
- **Einstiegsfrage**
  Warum braucht die Nahrung so lange, bis sie unseren Körper wieder verlässt?
- **Material**
  4–5 m Krepp-Papier oder Seil, ein Maßband, evtl. Eimer und Gläser unterschiedlicher Größe
- **Umsetzung**
  Schneiden Sie einen Krepp-Papier-Streifen oder ein Seil auf die Länge eines kindlichen Darmes, also ca. 4,5 m. Ein Kind legt sich auf den Boden und ein anderes darf versuchen, Kreppstreifen oder Seil auf dem Bauch des liegenden Kindes unterzubringen. Wie passt so ein langer Streifen in den Bauch? Wie legen die Kinder das Seil auf den Bauch? Ein Seil verdeutlicht es noch anschaulicher, denn der Darm ist natürlich nicht flach, wie das Krepp-Papier.
- **Weiterführende Ideen**
  - Sie können auch die Körper-Umriss-Bilder der Kinder (siehe S. 17) nutzen und auf den Bildern versuchen, das Seil auf dem Bauch unterzubringen.
  - In welchen Arten von Gefäßen hätte das Seil Platz? (Länge sagt nicht unbedingt etwas über Volumen aus!)

Wofür braucht der Körper Flüssigkeit?

Die wichtigste Flüssigkeit für das Leben auf unserem Planeten ist Wasser. Auch für unseren Körper ist Wasser das wichtigste Transport- und Lösungsmittel.

Der Mensch – ein »Wasserwesen«?

Insgesamt kann der Mensch, je nach Alter und Geschlecht, zu etwa 66% (also ca. $\frac{2}{3}$) aus Wasser bestehen. Ein Erwachsener von 70 kg Körpermasse besteht somit aus 46 Liter Wasser. Zum Vergleich: Brot enthält etwa 40%, ein Apfel 85% und eine Tomate sogar 98% Wasser. Der größte Teil der Flüssigkeit unseres Körpers gelangt in die Niere und hilft dort bei der Entgiftung des Körpers. Immer wieder durchläuft das Wasser unseren Körper. 180 Liter filtern die erwachsenen Nieren täglich. Das reinigt das Blut von gelösten Abbaustoffen, wie etwa Salzen. Ist unser Körper ausreichend mit Flüssigkeit versorgt, nehmen die Wasserteilchen ihren letzten Weg auf. Sie wandern durch die Harnleiter in die Blase und von dort wieder als Urin aus dem Körper heraus.

Die wohl wichtigste Station für unseren Wasserkreislauf ist der Übergang vom Dünndarm in den Blutkreislauf. Ein Konzentrationsgefälle zwischen Darmflüssigkeit und Blut sorgt für die Aufnahme des Wassers über die Darmzotten in das Adersystem. Rund 5 Liter Blut werden bei Erwachsenen pro Minute durch die Adern gepumpt und mit ihm das Wasser. Bei Kindern mit einem Körpergewicht von 20 kg sind es etwa 1,5 Liter. Wasser transportiert die Salze im Körper oder löst beispielsweise Hormone, Proteine, Vitamine oder auch Zuckermoleküle.

Für diese ganzen »Versorgungsflüsse« sollten Erwachsene zwischen 2 und 2,5 Liter Wasser am Tag trinken – 5-jährige Kinder mindestens einen dreiviertel Liter. Das Wasser verlässt den Körper auf unterschiedlichen Wegen, denn selbst beim Schlafen verflüchtigt sich Wasser über die Haut.

Forscherfragen

- Was denken die Kinder, wo sich in ihrem Körper besonders viel Wasser aufhält?
- Welche Körperflüssigkeiten kennen Kinder?
- Wenn sich die Kinder ihr Körper-Umriss-Bild (siehe S. 17) noch einmal anschauen: Was meinen sie, bis wohin sie Bilder blau anmalen müssten, um die Menge des Wassers im Körper zu verdeutlichen?
- Wie schmecken Tränen? Haben wir Salz in den Augen?

- Welches Kind hat schon einmal »Glucker-Geräusche«w im Bauch gehört?
- Woher könnten diese Geräusche stammen?
- Vielleicht tragen einige Kinder (nachts) noch eine Windel: Wiegen Sie eine leere und eine volle Windel und vergleichen Sie das Gewicht. Wie viel Flüssigkeit hat den Körper verlassen? Geben Sie diesen Forschungsauftrag gerne an die Eltern weiter.

Die Abgabe von Wasser über die Haut spüren wir an heißen Tagen und nach körperlicher Aktivität besonders. Dies ist wichtig für unsere Körpertemperatur.

Forscher in Aktion

Körpereigener Kühlschrank

- **Einstiegsfragen**
  - Wer hat schon mal geschwitzt?
  - Wer muss nach dem Schwimmen gehen immer eine Mütze aufsetzen?
- **Material**
  keines
- **Umsetzung**
  Die Kinder befeuchten ihre Finger mit Speichel oder Wasser und pusten gegen die feuchte Stelle. Wird der Finger von der Atemluft kälter oder wärmer? Zum Vergleich sollten die Kinder einen trockenen Finger anpusten. Wie fühlt sich die Temperatur dieses Fingers im Vergleich zum nassen Finger an?

Warum wir schwitzen

Wenn wir körperlich aktiv sind, wird die Verbrennung im Körper gesteigert (s. o.) und damit auch unsere Körpertemperatur – meist fangen wir dabei an zu schwitzen. Das Schwitzen ist eine Regulation des Körpers, um überschüssige Wärme abzugeben. Dies geht besonders gut, wenn die Luft um uns herum bewegt ist (Windzug), da dann die Luft das Wasser schneller aufnimmt und zusätzliche Verdunstungskälte entsteht. Wenn jemand mit nassen Haaren, ein Schwimmbad verlässt, so entsteht auch auf dem Kopf »Verdunstungskälte« und er kühlt sehr schnell aus. Unterkühlung kann den Körper schwächen. Eine »Erkältung« kann sich ihren Weg bahnen. Wenn dann der Körper z. B. gegen Viren ankämpfen muss, kommt es zu einem Temperaturanstieg, der bewusst vom Körper gesteuert und gewollt ist.

Im folgenden und letzten Kapitel finden Sie weitere wichtige Informationen über typische Krankheiten im Kindesalter. Schließlich wäre ein Buch zum Thema Gesundheit nicht vollständig, wenn es nicht auch das »Krank sein« thematisieren würde.

Kinderkrankheiten & Co.
Gesund bleiben – gesund werden

Es ist gar nicht so leicht, unseren Körper aus dem Gleichgewicht zu bringen, da er über gute physikalische und physiologische Barrieren zum Schutz vor Fremdkörpern verfügt. Dennoch geschieht es immer wieder, dass bestimmte Erreger in den Körper eindringen und ihn schwächen oder krank machen.

Im Zusammenhang mit besonders häufig auftretenden Infektionskrankheiten im Kindesalter spricht man auch von »Kinderkrankheiten«. Sie gehören für Eltern und pädagogische Fachkräfte zum Alltag, aber auch zum Umgang mit anderen ansteckenden Krankheiten und Allergien ist ein gewisses Grundwissen bei der Arbeit mit Kindern hilfreich.

Körpereigene Abwehrmechanismen

Die Haut-Barriere

Als größte Grenze zwischen Körper und Umwelt schützt die Haut den Organismus vor dem Eindringen von Krankheitserregern und Fremdsubstanzen im weitesten Sinn, aber auch vor mechanischen Verletzungen sowie Flüssigkeits-, Elektrolyt- und Proteinverlusten. Besiedelt wird sie von Bakterien und Pilzen, der sogenannten residenten Hautflora.

In weniger als einem Monat erneuert sich die gesamte Oberhaut des Menschen. In einem ständigen Kreislauf wandern Hautzellen aus tieferen Schichten an die Oberfläche. Am Ende ihrer Karriere bilden die abgestorbenen und abgeflachten Hornzellen eine ganz wichtige Schutzschicht für den Körper, die unter anderem verhindert, dass an der Körperoberfläche zu viel Wasser verdunstet.

Während von unten neue Hornzellen nachdrängen, lösen sich die Zellen an der Oberfläche. Unsere Haut schuppt sich ständig, nicht nur am Kopf. Normalerweise sind diese Hautschüppchen so klein, dass man sie mit bloßem Auge nicht sieht. Ein Großteil unseres Hausstaubes besteht aus diesen mikroskopisch kleinen Schuppen. Allein am Kopf verliert ein erwachsener Mensch pro Tag rund 350 Milligramm. Das ist immerhin fast ein halber Fingerhut voll. Die unsichtbare Schuppung stört natürlich niemanden.

Schutzfunktionen in Augen, Nase, Mund und Magen

Die Augen werden durch die Hornhaut geschützt. Diese wird durch die Lider, wie mit Scheibenwischern, ständig gereinigt (etwa alle 5–10 Sekunden) und neu mit Tränenflüssigkeit benetzt. Die Nase verfügt mit Nasenhaaren und Flimmerhärchen über ein mechanisches Reinigungssystem. Ihre feuchte, klebrige Schleimschicht dient der Befeuchtung der Atemluft und ebenso der Reinigung von Staub. Auch in der Lunge sorgen feine Schleimhautzipfel (Flimmerepithel) für einen Transport von Staubpartikeln nach draußen.

Speichel enthält viele hundert Arten von Bakterien, die vielfältige Funktionen erfüllen. Der Speichel zersetzt nicht nur Nahrung, sondern heilt Wunden im Mundraum und versorgt die Zähne mit Mineralien. Gelangen Fremdstoffe oder Organismen in den Magen, werden sie dort von 0,5–2,5% Salzsäure zersetzt. Eine Rasierklinge wäre im Magen schneller zersetzt als ein Karamellbonbon.

(Quelle: Clever! Das Körperlabor, siehe Literaturtipps Anhang).

Abwehr im Inneren: Die »Körper-Polizei«

Gelingt es einem Fremdkörper oder winzigen Mikroorganismen nun doch, die körpereigenen Barrieren zu überwinden, z. B. durch eine Wunde in der Haut, so wird das innere Abwehrsystem alarmiert. Die »Polizei des Körpers«, unsere Immunzellen, sind in der Nähe der Grenzflächen (z. B. die natürlichen Killerzellen in der Haut), sowie über das Blut allgegenwärtig. Dringt ein Fremdkörper ein, wird dieser vom Immunsystem bekämpft und bewertet.

Als Fremdkörper können unter anderem erkannt werden: Bakterien, Viren, Pilze und Würmer, bei Allergikern z. B. auch Staubpartikel (meist Hausstaubmilbenkot) oder auch Blütenpollen. Eine Impfung ist das erwünschte Eindringen eines Fremdkörpers, das die Körperpolizei gezielt zu einer Immunantwort anregen soll. Die unterschiedlichen Wege, wie das Immunsystem gegen solche »Fremdlinge« arbeitet, sollen im Folgenden exemplarisch vorgestellt werden:

Krankheiten durch Bakterien und Viren

Eindringen von Bakterien

Um Bakterien am Eindringen zu hindern, schickt der Körper Abwehrzellen in die Gegend der Eindringlinge (z. B. in Nase oder Rachen). Diese Abwehrzellen kann man sich als allgemeine Patrouille der Körperpolizisten vorstellen. Sogenannte Fresszellen in dieser Patrouille vernichten Bakterien, indem sie sie auffressen. Die Fresszellen stellen besondere Stoffe her, die die Bakterien zerstören und einer dieser Abwehrstoffe (ein eisenhaltiges Protein) ist z. B. für die grüne Farbe des Nasenschleims verantwortlich. Ist eine Fresszelle vollgefressen, dann platzt sie. Das Resultat: Es bildet sich Eiter.

Gleichzeitig setzt das Immunsystem eine zielgerichtete, spezifische Reaktion in Gang, die sich genau gegen jene Bakterien richtet, die eingedrungen sind. Einmal gebildete spezifische Antikörper behält der Körper im Gedächtnis und kann diese beim wiederholten Eindringen des gleichen Fremdkörpers bzw. Bakteriums schnell wieder abrufen.

Eindringen von Viren

Ebenso weit verbreitet, wie die grippalen Infekte, die gegen Ende des Winters oft durch die Einrichtungen gehen, sind Magen-Darm-Grippen. Grippen werden durch Viren ausgelöst. Diese sind extreme Überlebenskünstler und die besten Gentechniker. Sie können sich nicht eigenständig reproduzieren, sondern benötigen dafür eine Wirtszelle, die sie für sich arbeiten lassen. In der Phase, in der sie die körpereigenen Zellen für sich arbeiten lassen, ist es für den Körper daher schwierig, die Viren als Fremdkörper zu erkennen.

Typische Erkältungskrankheits-Viren werden über Tröpfchen durch Niesen, Husten, aber auch einfach nur durch das Ausatmen verbreitet. Sie setzen sich in den Schleimhäuten der Nase, im Hals oder der Lunge fest und fangen dort an, sich zu vermehren. Die gereizten Schleimhäute beginnen noch mehr Schleim zu produzieren.

Die Körperpolizei schickt ganz bestimmte weiße Blutkörperchen (Lymphozyten) , diese werden in den Lymphknoten gebildet. Im Falle eines viralen Infekts, z. B. einer Halsentzündung, steigt die Produktion der Lymphozyten an, weshalb es zu einer Schwellung der Lymphknoten links und rechts am Hals kommen kann. Mit den Lymphozyten und durch Fieber kann das Immunsystem meist in wenigen Tagen Krankheitserreger vernichten.

Was passiert bei einer Impfung?

Bei einer Impfung wird ein Teil eines Krankheitserregers oder ein abgetöteter Krankheitserreger in den Körper gegeben, um eine Immunantwort – die Bildung von spezifischen Antikörpern – zu aktivieren. Diese Immunantwort ist viel schwächer als bei einer echten Infektion, da sich die Krankheitserreger nicht vermehren. Sie reicht jedoch aus, um das Gedächtnis der antikörperproduzierenden Zellen zu aktivieren, sodass bei einem Eindringen des Originalvirus nicht neu nach spezifischen Antikörpern gesucht werden müsste, da diese bereits »vorrätig im Regal« vorhanden sind. Um dies sicherzustellen, werden viele Impfungen mehrmals gegeben bzw. aufgefrischt, damit die Produktion der Antikörper im Ernstfall schnell genug ist.

Den Impfstoffen werden heutzutage Substanzen hinzugesetzt, die das Immunsystem aktivieren sollen. Die Wirkung dieser Substanzen ist jedoch noch nicht ganz aufgeklärt und wird von vielen Impfgegnern sehr kritisch gesehen.

In besonderen Fällen, z.B. bei einer Schwangerschaft oder nicht vorhandenem Tetanusschutz, können auch die spezifischen Antikörper direkt gegeben werden.

Parasiten

Zecken

Sie gehören zu den Milben und sind weltweit verbreitet. In Deutschland kommen etwa 20 Zeckenarten vor. Zecken übertragen aufgrund ihrer Lebensweise häufig Krankheitserreger zwischen den Wirten, ohne jedoch selbst zu erkranken. Dennoch ist nicht jede Zecke ist ein potentieller Krankheitsüberträger. Durch das Tragen von geschlossener, heller Kleidung lassen sich Zeckenbisse minimieren. Die bekanntesten durch Zecken übertragbaren Krankheiten sind FSME (Frühsommer-Meningoenzephalitis) und Borreliose.

Borreliose wird erst 10 Stunden nach Festsetzen der Zecke übertragen. Der wirksamste Schutz ist daher, Eltern ans Herz zu legen, die Kinder beim Auftreten von Zecken im Garten und auf jeden Fall nach Spaziergängen in Wald und Wiese, abends immer gut abzusuchen und nicht erst einen Juckreiz abzuwarten. Eine noch nicht vollgesogene Zecke ist sehr viel kleiner als ein Streichholzkopf. Zecken sollten auf keinen Fall mit Öl beträufelt werden, da sie sich dann in den Wirt »übergeben« und so ihre Krankheiten weitergeben können. Bleibt der Kopf beim Herausdrehen der Zecke mit Hilfe einer Zeckenzange oder Karte in der Haut stecken, ist dies nicht so schlimm. Der verbliebene Zeckenrest sollte trotzdem desinfiziert werden, kann jedoch so nicht weiterleben und wird in der Regel abgestoßen.

Gegen Frühsommer-Meningoenzephalitis gibt es keine ursächliche Behandlung. Es sind keine Medikamente bekannt, die gegen das Virus helfen. Daher beschränkt sich die Therapie auf die Linderung der Symptome, wie z. B. Schmerzen und Fieber. Die Krankheit ist langwierig, schmerzhaft und nicht ungefährlich für die Patienten.

Deshalb empfehlen die Gesundheitsbehörden allen, die in FSME-Risikogebieten wohnen oder Urlaub machen und sich in der Natur aufhalten, eine Impfung gegen die FSME. Für die Bewohner von Risikogebieten werden die Kosten von den gesetzlichen Krankenkassen übernommen. (www.zecken.de)

Läuse

Sie leben bei den Menschen eigentlich nur in den Haaren auf dem Kopf. Weit weg vom Menschen können Läuse nicht lange überleben. Sie wandern von Mensch zu Mensch, wenn diese ganz nah beieinander sind oder einen Gegenstand gemeinsam benutzen z. B. Mütze, Kopfkissen oder Haarbürste. Wenn Läuse Hunger haben, stechen sie in die Haut und diese Stellen jucken. Oft entdeckt man zuerst die Eier (Nissen), da es oft nur wenige Läuse pro Kopf sind. Läuse können mit einem Spezial-Shampoo abgetötet und die Eier anschließend mit einem Spezialkamm herausgekämmt werden. Jeder kann Läuse bekommen und sie sind auch schnell und effektiv behandelbar. Weil sie sich leider sehr schnell verbreiten, ist es sehr wichtig, dass die Einrichtung bei Kopflausbefall eines Kindes immer von den Eltern informiert wird.

Allergien – was geht im Körper vor?

Eine Allergie ist eine überempfindliche Reaktion auf eine oder mehrere Allergene (Fremdstoffe; spezifische Proteine). Übersetzt bedeutet Allergie: andere Reaktion. Menschen mit einer Allergie reagieren einfach anders als die meisten Menschen. Es gibt verschiedene Arten von Allergien, doch mittlerweile leidet fast jedes 6. Kind an allergischen Erkrankungen.

Allergien und Hypersensivität können sich an verschieden Stellen des Körpers und auf ganz unterschiedliche Arten äußern, z. B.:
• an den Schleimhäuten der Nase (Heuschnupfen) oder als Bindehautentzündung
• an den Atemwegen (Asthma bronchiale)
• an der Haut (atopische Dermatitis oder Neurodermitis, Kontaktekzem)

- im Gastrointestinaltrakt (Erbrechen, Durchfälle, besonders bei Säuglingen und Kleinkindern)
- als akuter Notfall (anaphylaktischer Schock)

»Klassische« Allergien sind Heuschnupfen oder Asthma bronchiale, die eine Entzündungs-Reaktion in der Schleimhaut hervorrufen. Diese entsteht, wenn die Schleimhaut in der Nase oder den Bronchien in Kontakt mit den Allergenen kommen. Von der Körperpolizei der meisten Menschen als harmlos betrachtete Stoffe wie z.B. Pollen werden bei allergischen Menschen als gefährliche Eindringlinge erkannt. Der Körper reagiert auf diese Gefahr mit einer Immunantwort, um die Eindringlinge zu vernichten.

Leider ist es bei einer allergischen Reaktion, wo die Körperpolizei auch mit spezifischen Antikörpern arbeitet nicht so, dass die Antikörper die Krankheit verhindern. Pollen oder Hausstaub fliegt meist immer weiter durch die Luft, so dass der Körper mit einer Überempfindlichkeit darauf reagiert – Allergie genannt. Jedes Mal wenn eine Allergikerin oder ein Allergiker mit einem Allergen in Kontakt kommt läuft automatisch folgende Reaktion ab: Schleimhaut entzündet sich, schwillt an und produziert sehr viel Schleim.

Asthma bronchiale

Diese mittlerweile sehr häufig auftretende chronische Erkrankung beginnt in der Regel schon im Kindesalter. Sie kann sehr unterschiedliche Auslöser haben. Es wird unterschieden zwischen Anstrengungs-, Infekt-, Allergischem und Psychogenem Asthma. Der Mechanismus der Erkrankung ist überall gleich: Ein Ereignis löst die Reaktion aus, die Bronchialschleimhaut entzündet sich und es sondert sich sehr viel Schleim ab. Die Bronchien werden enger, das Atmen fällt schwerer, die glatten Muskelfasern verkrampfen sich und der Gasaustausch wird gestört.

Mittlerweile werden die meisten Kinder gut auf ihr Asthma eingestellt und haben selber ein feines Gespür, wann es Ihnen nicht gut geht. Fällt Ihnen ein rasselndes Atemgeräusch bei einem Kind auf, beobachten Sie dieses Kind genau. Wenn Sie pfeifende Geräusche beim Atmen vernehmen, geht es dem Kind nicht gut. Atemerleichternde Stellungen sind der Kutschersitz oder das aufrechte, schräge Lehnen gegen eine Wand oder einen Baum. Bitte beachten Sie, dass es bei Kindern mit akutem Asthma wichtig ist, besonders effektiv auszuatmen, da sich die Bronchien sonst wie ein praller Luftballon anfühlen können. Erinnern sie das Kind an die Lippenbremse, bei der die Lippen ganz locker aufeinanderliegen und die Luft ganz langsam zwischen den fast geschlossenen Lippen wieder ausströmt.

Neurodermitis

Die chronisch entzündliche Hautkrankheit wird – je nach Ursprung oder aussehen – auch als »atopisches Ekzem oder »topische Dermatitis« bezeichnet. Derma ist das griechische Wort für Haut und »–itis« bedeutet Entzündung. Die Entzündung wird oft über ein Allergen ausgelöst, doch der derzeitige Stand der Forschung lässt noch viele Fragen offen. Die Krankheit verläuft oft in Schüben, deren Auslöser ganz unterschiedlich sein können. Ärzte und Patienten müssen sich wie Detektive auf die Suche nach den Verursachern begeben.

Die häufigsten Auslöser für Neurodermitis sind bestimmte Nahrungsmittel, Tierhaare, direkter Kontakt mit Allergenen wie Nickel, Chemikalien in Textilien oder Antibiotika in Salben aber auch psychosoziale Belastungen wie Spannungssituationen in der Familie. Neurodermitis kann gut mit Salben gelindert werden, die entzündungshemmend, juckreizstillend und feuchtigkeitsspendend sind.

Sie können Kindern mit Neurodermitis helfen, indem Sie ihnen zeigen, wie man täglich für sich selbst neue Kraft schöpfen kann, z. B. durch ritualisierte Ruhephasen, aber auch durch Gespräche und emotionale Zuwendung. Kinder können durch Schulung ihrer eigenen Körperwahrnehmung die Frühwarnzeichen (z. B. Spannung oder Kribbeln der Haut) ihrer Dermatitis erkennen. Mit folgenden Fragen können Sie die Kinder bei ihrer Körperwahrnehmung unterstützen: Fühlt es sich an, als würden heiße Winde über deine Haut gehen? Drückt es merkwürdig von innen? Hast du das Bedürfnis, an die Haustelle zu fassen?

(Quelle: Silbermann, M. Et al: KALLE – Das Kinder- Allergie-Lexikon, Infantibus-Kindersachbuchverlag 1999)

Achten Sie darauf, dass Sie in ihrer Einrichtung möglichst seifen- und parfümfreie Waschlotionen benutzen, um die Haut der Kinder nicht unnötig zu reizen und Kindern mit Neurodermitis das Händewaschen nicht zu verleiden.

Literatur / Quellen / Links

Literatur und Webseiten – nicht nur für Kinder

Bleich, K. / Bleich, S.: Was ist was? (Band 50): Der menschliche Körper,
Tessloff Verlag, Nürnberg 2010.

Boning, W. et al.: Clever! Das Körper-Labor: Das Buch, das Wissen schafft,
Family Media / Velber Buchverlag, Freiburg 2007.

Chen, J.: Gui-Gui – das kleine Entodil,
S. Fischer Verlag, Frankfurt am Main 2008.

Eberhard-Metzger, C.: Was ist was? (Band 66): Geschichte der Medizin,
Tessloff Verlag, Nürnberg 2006.

Grönemeyer, D.: Der kleine Medicus, Rowohlt Verlag,
Reinbek bei Hamburg 2005.

Grönemeyer, D.: Die neuen Abenteuer des kleinen Medicus,
Rowohlt Verlag, Reinbek bei Hamburg 2007.

Heine, H.: Samstag im Paradies,
Beltz & Gelberg, Weinheim 2004.

Lind, A.: Alles von Zackarina und dem Sandwolf,
Beltz & Gelberg, Weinheim 2011.

McKee, D.: Elmar, Thienemann Verlag, Stuttgart 1989.

Murphy, G.: Warum ist Schnodder grün?,
Arena Verlag, Würzburg 2010.

Rübel, D.: Wieso? Weshalb? Warum? Wir entdecken unseren Körper,
Ravensburger Buchverlag, Ravensburg 2007

- www.labbe.de
- www.meine-forscherwelt.de
- www.medizin-fuer-kids.de
- ralphsleckerwissen.wdr.de/

Fachliteratur

Forschen mit Kindern

Fthenakis et al.: Natur-Wissen schaffen – Band 3: Frühe naturwissenschaftliche Bildung,
Bildungsverlag Eins, Troisdorf 2008.

Pareigis, J.: Anleitung zum Forschersein, Verlag das Netz, Kiliansroda 2008.

- www.haus-der-kleinen-forscher.de
- www.bibernetz.de/

Gesundheit, Emotionen und Bedürfnisse

Brazelton, T. B. / Greenspan, S. I.: Die sieben Grundbedürfnisse von Kindern. Was jedes Kind braucht, um gesund aufzuwachsen, gut zu lernen und glücklich zu sein, Verlag Beltz, Weinheim und Basel 2002.

Pfeffer, S.: Sozial-emotionale Entwicklung fördern: Wie Kinder in Gemeinschaft stark werden, Verlag Herder, Freiburg 2012.

Proßowsky, P.: Kinder entspannen mit Yoga, Verlag An der Ruhr; Mülheim an der Ruhr 2007.

Bundeszentrale für gesundheitliche Aufklärung (BZgA) (Hrsg.): Nase, Bauch und Po – Lieder vom Spüren und Berühren für Kinder ab 4 Jahren (Lieder- und Notenheft mit CD von der Kinderliedertour der BZgA), Köln 2003.

- http://www.bielefeld.de/ftp/dokumente/WasKinderbrauchen_Internetneu.pdf
- www.kindergesundheit-info.de/
- www.kiggs.de/
- www.fokus-frühe-ernährung.de/

Sinne und Wahrnehmung

Bundesministerium für Bildung und Forschung (BMBF) (Hrsg.): Die Erforschung der menschlichen Sinne. Funktion und Leistungen, Störungen und Therapien, Berlin 2006.

Spitzer, Manfred: Musik im Kopf: Hören, Musizieren, Verstehen und Erleben im neuronalen Netzwerk, Verlag Schattauer, Stuttgart 2005.

Zimmer, R.: Handbuch der Sinneswahrnehmung – Grundlagen einer ganzheitlichen Bildung und Erziehung,Verlag Herder, Freiburg 2005.

- http://www.bmbf.de/pub/macht_mozart_schlau.pdf
  (Bundesministerium für Bildung und Forschung: Macht Mozart Schlau? Die Förderung kognitiver Kompetenzen durch Musik, 2006)
- www.dasGehirn.info (Website der Neurowissenschaftlichen Gesellschaft e.V.)

Quellen

S. 8: Glossar des BMBF
http://www.bmbf.de/glossar/glossary item.php?GID=97&N=G&R=16

S. 35: Abdruck mit freundlicher Genehmigung von Irmela Brender

S. 54/55/56: Mutflecken: Lind, A.: Alles von Zackarina und dem Sandwolf, Beltz & Gelberg, Weinheim 2011.

S. 73: Der-Klatsch-in-die-Hände-Beat-Dance-Song: Gulden, E. / Scheer, B.: Es tanzt die Kuh mit Stöckelschuh, Don Bosco 2012.

Dank

Ich bedanke mich bei meiner Familie, meinem Mann und meinen kleinen Forscherinnen und Forschern, die mich bei der Arbeit zu diesem Buch sehr unterstützt haben.

Ebenso bedanke ich mich sehr herzlich bei Dr. med. Anja Pohl-Schickinger, die mir immer in medizinischen Fragen zu Rate stand.

Allen Mitarbeitern und Mitarbeiterinnen im Ev. Kindergarten Schulweg gilt mein Dank, da sie mir immer wieder Rückmeldung und Ideen zur praktischen Umsetzung im Kindergartenalltag (z. B. beim Arm-Modell) geben und gegeben haben.

Einen großen Dank möchte ich auch meiner Lektorin, Frau Pia Haferkorn, aussprechen, die mich sehr kompetent, motivierend und herzlich im gesamten Prozess zu diesem Buch beraten und begleitet hat.

Anstoß zu diesem Buch war meine Mitarbeit an der Themenbroschüre *Was hält mich gesund?* der Stiftung »Haus der kleinen Forscher«, die im Rahmen des BMBF-Wissenschaftsjahres 2011 – Forschung für unsere Gesundheit – entstanden ist. Ich danke der Stiftung »Haus der kleinen Forscher« für meine Ausbildung als Trainerin und die Einbindung in ein bundesweites Netzwerk. (Informationen zur Stiftung unter: www.haus-der-kleinen-forscher.de)